Unconventional Monetary Policies

非伝統的金融政策

政策当事者としての視点

宮尾 龍蔵 著

有斐閣

まえがき

2016年に入り，世界経済への不透明感が一段と高まるなかで，改めて，金融政策に対する注目が集まっています。

日本銀行は，1月末の金融政策決定会合で，マイナス金利政策の導入を5対4の賛成多数で決定し，金融緩和のアクセルをさらにもう一段踏み込みました。すでに進行中の大規模な金融緩和——量的・質的金融緩和——にマイナス金利を付け加えたのです。その結果，金利体系は全般に顕著に低下し，代表的な長期金利である10年債利回りまでマイナス領域に落ち込みました。しかし，期待された株価や為替レートなど金融環境への効果は必ずしも明らかではありません。

マイナス金利政策という新しい取組みを加速させる前に，それまでの緩和政策にどのような特徴，意義そして課題があるのか，しっかりと検証し評価しておくことは重要です。大規模な資産買入れを通じてバランスシート（またはマネタリーベース）を拡大する政策は，どのような理論的メカニズムを通じて効果が期待されるのでしょうか。また実際に，金融市場そして最終的な景気や物価にどの程度の効果があったのでしょうか。マネタリーベースの拡大とマイナス金利の引き下げとは理論的には何が異なるのでしょうか。また懸念される副作用についてはどうでしょうか。検討すべき論点は少なくありません。

そうした問題意識のもと，本書では，これまで実施されてきた「非伝統的な」金融政策に焦点を当て，上記のような論争点を検討し，その特徴と課題をできるだけ平易に解説すること を

目的としています。そうした検討を踏まえて，今後の金融政策のあり方についても展望したいと考えています。

筆者は，2010 年 3 月から 2015 年 3 月まで，日本銀行政策委員会・審議委員として金融政策の立案と決定に携わりました。それまで私は，マクロ経済や金融政策を専門とする経済学研究に長年携わっていたのですが，日銀の政策委員会メンバーとなり，これまでとはまったく異なる「政策当事者」の立場から，金融政策と関わることになったのです。

大学の一研究者と政策当事者との立場の違いは明白でした。公の場での発言は，一言一句が切り取られてメディアに流されることを覚悟しなければなりません。自らの政策判断や行動には「結果」が問われ，また人々の生活や国のあり方を左右しかねないという大きな「責任」が伴います。公の政策を決定する者の当然の責務といえばそれまでですが，これまでに経験したことのない重圧を日々感じながら，政策委員という仕事と向き合ってきました。

学界から離れてもう 1 つ感じたのは，学界と政策当局との距離感です。量的・質的金融緩和政策に対して，学界の先生方から厳しいご批判を頂戴することも少なくありませんでした。私自身もっと積極的に情報発信すべきだったかもしれませんが，一方で政策当事者として，発信した情報が及ぼす影響に目配りして慎重にならざるをえない局面が多くありました。学界に戻り，審議委員当時を振り返るなかで，自ら背後で考えてきたことをできるだけ平易な言葉で人々に伝えたい。そして政策判断の拠り所としてきた経済学の有用性を伝えたい。そうした思いに駆られて本書を執筆しました。

本書では，経済学のさまざまな知見をベースに，政策委員としての経験も踏まえながら，現在も進化と論争の渦中にある非伝統的金融政策について解説していきます。5年間の回顧録というよりは，あくまでも経済学というツールに依拠して，現代の非伝統的金融政策が抱える特徴と課題を浮き彫りにしていくというのが本書の大きなねらいです。

具体的には，非伝統的金融政策をめぐる主要な論争点を軸に，説明を進めていきます。本書で検討する問題は，次の5つです。

(1) 非伝統的金融政策の効果に理論的メカニズムはあるのか
(2) 非伝統的金融政策の効果に実証的証拠はあるのか
(3) 2％物価安定目標は妥当なのか
(4) 懸念すべき副作用は何か
(5) マイナス金利政策の影響は何か

これらは，最後のマイナス金利政策を除くと，いずれも私が日本銀行で政策決定に携わっていたときに直面し，自問自答を続けていた問題です。2章以降これら5つの問題について順次検討していきます。それに先立つ1章では，非伝統的金融政策とは何かについて説明します。最後の7章では，日銀での5年間を振り返り，今後の展望を述べます。

本書で取り上げる問題はいずれも大変重い課題ばかりであり，本書によって論争に決着がつくものではないでしょう。当時の自らの政策行動や判断をディフェンスする側面もにじみ出ているかもしれません。本書の考察や分析が契機となり，経済学という共通の土台のもとで，今後のさらなる建設的な政策論議につながればと考えています。

日本銀行在任中は，歴代のボードメンバー，理事，監事，局・室・研究所長など，数多くの役職員の方々から温かいご厚情を賜りました。とりわけ着任後3年間ご一緒した白川方明総裁，山口廣秀，西村清彦両副総裁には右も左もわからない私にさまざまなご教示をいただき，政策委員としての職務を何とかスタートさせることができました。須田美矢子，野田忠男，亀崎英敏，中村清次，森本宜久，石田浩二各審議委員は，若輩者である私に日々温かく接してくださり，白井さゆり，木内登英，佐藤健裕各審議委員は同年代として親しく交流していただき，おかげで激務を乗り越えることができました。そして任期後半の2年間ご一緒した黒田東彦総裁，岩田規久男，中曽宏両副総裁からは，さまざまなご指導とご厚誼を頂戴しました。故杉田隆之，大川真一郎，田中英俊の各氏はスタッフとして毎日のように私との議論に付き合いサポートしてくれましたし，安永奈都さん，黒木有希子さんには，秘書として日々の職務を支えてもらいました。お世話になったすべての方々に心からの謝意を表し厚くお礼申し上げます。

日本銀行に赴任するにあたり，本務校である神戸大学経済経営研究所を辞職し，学会の役職も辞することになりました。突然の退任により関係者の皆様に多くのご迷惑をおかけしたにもかかわらず，温かく送り出していただきました。恩師・故三木谷良一先生はじめ学界の諸先生方，大学関係の諸先輩方，同僚・後輩の方々には，任期中，絶えず激励してくださり，励みとなりました。深く感謝し改めてお礼申し上げます。

本書の初稿は，何人かの日本銀行役職員の方々にお目通しいただきました。雨宮正佳，内田眞一，関根敏隆，大川真一郎，

武藤一郎の各氏からは有益なコメントをいただき，国債買入れやマイナス金利政策のモデル上での取扱い，マネタリーベースの位置付け，効果波及経路の評価などの重要な論点について，本書の内容を改善することができました。お忙しいなか時間を割いていただき，心より感謝いたします。本書の議論・分析の一部は，東京大学，神戸大学，中京大学，Korea University，総合研究開発機構（NIRA），全国銀行協会などでのセミナー，研究会で報告や討議を行い，有益なコメントを頂戴しました。清滝信宏教授（プリンストン大学）からは資産市場モデルの理論メカニズムについて貴重な示唆を頂戴しました。もちろん，本書に残されているありうべき誤りはすべて筆者の責任です。

　有斐閣の渡部一樹氏には，タイトなスケジュールのなか，優れた編集作業をしていただきました。妻と二人の娘には慣れない土地で苦労をかけましたが，私の激務を支えてくれました。両親は関西から見守り，使命感と主体的な思考の大切さを教えてくれた父は任期終了間際に他界しました。私事となりますが，本書を亡き父に捧げたいと思います。

　なお，本書における見解はあくまで筆者個人のものであり，日本銀行の見解を表すものではないことをお断りしておきます。

　2016 年 8 月

　　　　　　　　　　　　　　　　　　　宮　尾　龍　蔵

目　次

まえがき　i

第1章　非伝統的金融政策とは何か ─── 1
1　伝統的な金融政策とは何か　4
2　非伝統的金融政策とは何か　8
付論1.1　長期金利と短期金利の関係：「期待理論」　31
付表1.1　米国, 欧州, 日本における主な非伝統的金融政策　35

第2章　非伝統的金融政策の効果はあるのか（Ⅰ）
● 理論的なメカニズム ─── 41
1　*IS–LM* モデルに基づく非伝統的金融政策の効果　44
2　ケインズが提唱した「伝統的な流動性のわな」　60
3　ゼロ金利コミットメントの効果　62
4　クルーグマンの「日本経済のわな」モデル　68
5　トービン／マネタリストの資産市場一般均衡モデル　74
付論2.1　クルーグマンの「日本経済のわな」モデルの概要　85

第3章　非伝統的金融政策の効果はあるのか（Ⅱ）
● 実証的な証拠 ─── 89
1　非伝統的金融政策の効果に関する先行研究　92
2　計量分析のフレームワーク　95
3　主要な実証結果　102
付論3.1　構造ベクトル自己回帰モデルに基づく政策効果の検証　114

第4章 2％物価安定目標は妥当なのか ——— 121
1 インフレ目標政策の現在までの歩み　123
2 2％物価安定目標は妥当なのか　127
3 日本経済が「デフレ均衡」に陥っていた可能性　130

第5章 懸念すべき副作用は何か ——— 149
1 主要なリスクをどう考えるか　150
2 「長期停滞経済」の特徴　158
3 出口戦略をめぐって懸念される問題は何か　166

第6章 マイナス金利政策の影響は何か ——— 177
1 マイナス金利政策とは何か　180
2 マイナス金利政策の金融市場への影響　188
付論6.1　株価，為替レート決定とリスクプレミアム　207
付論6.2　資産市場の一般均衡モデルにおける為替レートへの影響　210

第7章 日銀での5年間と今後の展望 ——— 213
1 日銀での5年間を振り返って　214
2 今後の展望　223

あとがき　229

引用文献　235
索　引　241

BOX 一覧
  中央銀行のバランスシートとマネタリーベース   20
  IS-LM モデルの概要   46
  名目金利と実質金利の関係:「フィッシャー方程式」   49
  欧州のマイナス金利政策   182

本書のコピー, スキャン, デジタル化等の無断複製は著作権法上での例外を除き禁じられています。本書を代行業者等の第三者に依頼してスキャンやデジタル化することは, たとえ個人や家庭内での利用でも著作権法違反です。

第1章

非伝統的金融政策とは何か

はじめに

　本章では、非伝統的金融政策のエッセンスを解説し、やや広い観点からその特徴を整理していきます。

　非伝統的金融政策とは、伝統的な政策手段である政策金利がゼロ％近くまで到達した後、さらなる緩和効果を追求する政策の総称です。1999年2月、日本銀行は「ゼロ金利政策」を採用しましたが、それに先立つ1995年10月には、政策金利（コールレート）はすでにゼロ％近い（0.5％かそれ以下の）水準にまで引き下げられました。その時点から数えると、実に20年以上、日本の政策金利は事実上ゼロ％の状態が続いています。図1.1にコールレートの推移が示されており、そうした状況が確認できます。

　そしてその間、「ゼロ金利政策」や「量的緩和政策」など、さまざまな非伝統的金融政策が実施されてきました。実際日本は、非伝統的政策を実施してきた国として最も長い歴史を有しています。長期に続いたデフレ脱却を目指して、2010年10月からは「包括緩和政策」、2013年4月からは「量的・質的金融緩和政策」、2016年1月からは「マイナス金利付き量的・質的金融緩和政策」が実施されています。金融緩和の程度

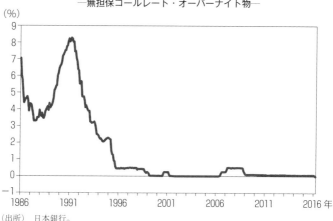

図1.1　政策金利（コールレート）
―無担保コールレート・オーバーナイト物―

(出所)　日本銀行。

を表す中央銀行のバランスシート（あるいは「マネタリーベース」）は，現在の大規模な緩和措置によって，ハイペースで拡大しています（図1.2）。そして基調的な物価上昇率はプラス領域へと浮上してきました（図1.3）。

　米国，欧州など他の先進国経済においても，世界金融危機時の対策として相次いで非伝統的金融政策が採用され，その後の経済停滞が長引くなかで強化・拡充されてきました。非伝統的な金融政策は，いまや先進国に共通する政策といえます。

　本章では，まず伝統的な金融政策について説明します。非伝統的な政策を理解するには，従来実施されてきた伝統的な政策について理解しておくことが有用です。

　続いて，非伝統的な金融政策について，どこが新しく革新的なのか，またどの部分は伝統的な政策と変わらないのか，と

図 1.2　日本銀行のバランスシート
―マネタリーベース（準備率調整後，平均残高，季節調整済）―

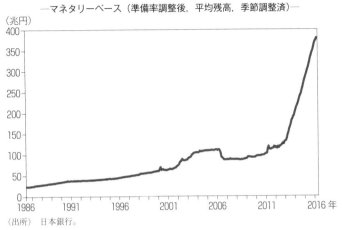

(出所)　日本銀行。

図 1.3　基調的な物価上昇率
―消費者物価インフレ率（除く食料・エネルギー・消費税，前年比）―

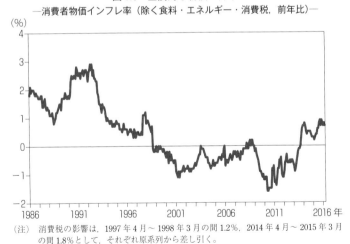

(注)　消費税の影響は，1997年4月～1998年3月の間1.2％，2014年4月～2015年3月の間1.8％として，それぞれ原系列から差し引く。
(出所)　総務省。

いった観点から，その特徴を整理します。非伝統的政策の定義，政策手段，効果波及経路の順に解説し，伝統的な政策との相違点を明らかにしていきます。

1 伝統的な金融政策とは何か

伝統的金融政策とは金融市場調節による政策金利のコントロール

では，伝統的な金融政策の説明から始めましょう。

伝統的な金融政策は，日本ではコールレートを操作目標として，それをコントロールすることで実施されます。コールレートとは，金融機関同士が日々資金の不足や余剰を融通し合う短期の金融市場（コール市場）において成立する金利のことで，政策金利としては，「無担保コールレート・オーバーナイト物（担保なしに今日借りて翌日返す1日間の金利）」が用いられます。日本銀行は，国債買入れや貸出などを通じて金融機関に資金を供給する，あるいは逆に資金を吸収して——金融市場調節と呼ばれます——，コールレートを政策方針で定められた誘導水準にコントロールするのです。

金融市場調節によりコールレートが誘導されるメカニズムを，具体的に説明しましょう。金融調節メカニズムのエッセンスを理解することは，次に説明する「ゼロ金利政策」，あるいは6章で検討する「マイナス金利政策」を理解するうえでも役に立ちます。

いま，たとえば日本銀行が資金不足の金融機関に対して国債などを担保に資金を貸し出す（つまり供給する）状況を考えま

す。供給された資金は，金融機関が日本銀行に設けている預金口座（「日銀当座預金」，一般には「準備預金」と呼ばれる）に振り込まれます。日銀当座預金は，金融機関同士の決済に用いられる基本的に無利子の預金口座です（2008年10月以降は，0.1％の利息が付されていますが，本章では議論を単純化するため無利子として話を進めます）[1]。金融機関にとってはいつでも引き出して現金化できることから，日銀当座預金はほぼ貨幣と同じです。そして日本銀行からの資金を受け取った（国債を担保に資金を借り入れた）金融機関は，資金不足が解消されるため，コール市場で他の金融機関から資金を借りる必要はなくなります。その結果，コール市場では，資金の借り手が減って，コールレートは低下することになります。

日銀当座預金に対する需要と供給

　以上の動きは，「日銀当座預金（準備預金）に対する需要と供給」という概念を使って理解できます。図1.4には，縦軸にコールレート i_{CALL}，横軸に日銀当座預金 R を取り，日銀当座預金の需要と供給が例示されています。

　金融機関の日銀当座預金に対する需要（R^D）は，コールレートに関する減少関数（負の傾き）で表されます。先に述べたとおり，日銀当座預金は基本的に無利子の貨幣であるため，より高い利回りが得られる別の投資機会の金利（ここではコールレート）が上昇すれば，無利子の日銀当座預金に資金を滞留さ

---

[1] なお，この預金利息をマイナスにするのが「マイナス金利政策」であり，6章で詳しく説明します。

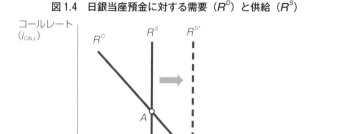

図 1.4 日銀当座預金に対する需要（R^D）と供給（R^S）

せておくコスト（機会費用）が増大します。つまり、コールレートが上昇すると金融機関の日銀当座預金に対する需要は減少すると考えられます。したがって、日銀当座預金に対する需要 R^D は、図のように右下がりの線として描かれます。

一方、日銀当座預金の供給額（R^S）は、日銀が金融市場での調節手段を駆使して、資金供給量あるいは資金吸収量を自由に設定できます。したがって、供給額は、垂直な供給曲線として描かれます。

そして両曲線の交点、つまり需給が一致するところでコールレートが決定されると考えるのです（図の A 点）。

ここで再び、図 1.4 を使って、日銀が資金供給を増やして日銀当座預金残高を増加する状況を考えます。金融緩和を行って国債買いオペなどを行うと、供給曲線 R^S は右にシフトし、均衡も A 点から B 点へ移動します。つまり、資金供給を増やした結果、コールレートが低下することが理解できます。コール

市場での日々の需給（個別金融機関あるいは市場全体の資金過不足）は、さまざまな要因——政府から民間部門への支払い（年金の支払いなど）、あるいは逆に政府による民間からの資金の吸い上げ（税金の徴収など）——によって変動します。日本銀行は、そうした資金の過不足・需給の変動を多様な調節手段を使って均しながら、図1.4で例示されたメカニズムに従って、目標の水準へとコールレートを誘導できるのです。

伝統的金融政策の効果波及経路

こうして決定されたコールレートは、いくつかの経路を通じて、経済に波及していきます（金融政策の効果が経済へと波及していく経路は「効果波及経路」と呼ばれます）。具体的には、コールレート（短期金利）は、より長めの金利に影響を与え、そして銀行信用、他の資産価格（株価や為替レート）などに影響を与えます。それが人々の支出に影響を与え、最終的に景気や物価に波及していくのです。

たとえば、日本銀行が資金供給（R^S）を減らしてコールレートを引き上げれば、金融市場はそうした引締め姿勢は今後も続くだろうと予想します。なぜなら、景気の拡大を冷やすには通常何回かの利上げが必要であり、一度利上げが行われるとその後何回か続くと金融機関は予想するからです。その結果、政策金利の予想経路が引き上がり、より長めの金利や貸出金利にも上昇圧力がかかります（短期金利からより長めの金利へ波及するメカニズムについては、章末の付論1.1を参照）。貸出金利が上昇すれば銀行信用にはブレーキがかかり、また長期金利（代表的には長期の国債利回り）が上昇すれば、その影響は株価や為替

レートなどの資産価格に波及します[2]。

以上述べた，長めの金利，銀行信用，株価，為替レートなどの指標は「金融環境（financial conditions）」変数と呼ばれます。コールレートの引き上げにより，より長めの金利は上昇し，銀行信用は減少，株価は下落し，為替レートも下落する（ドル／円レートの下落，つまりドル安・円高）ので，金融環境は引締め的となります。より引締め的な金融環境は，企業や家計の支出行動を抑制し，経済全体の総需要を減少させ，最終的な景気や物価に影響を与えていくことになります。以上が伝統的な金融政策の効果波及経路の概略です。

2　非伝統的金融政策とは何か

非伝統的金融政策の定義

伝統的な金融政策とは何かを理解したうえで，非伝統的金融政策とはどのような政策なのか，そして日米欧の先進国経済でどのように拡充されてきたのか，説明しましょう。

まず一般的な定義から述べると，非伝統的金融政策とは，冒頭にも述べたとおり，「伝統的な政策手段である政策金利（日本ではコールレート）が事実上ゼロ％まで低下したもとで，さらに緩和効果を追求する政策」と定義できます。

---

[2] 安全資産である国債の利回り（リスクフリーの金利）の変化が，株価や為替レートなどの他の資産価格に影響を及ぼすメカニズムについては，6章の付論6.1でより詳しく解説します。

わが国のコールレートの過去30年間の推移について、少し振り返りましょう（図1.1）。平成バブル期の景気過熱と資産価格高騰、信用拡大を抑制するため、コールレートは1989年から1991年にかけて、急激に引き上げられました。その後、1990年代前半の時期、バブル崩壊後の日本経済は景気減速とインフレ率の低下に歩調をあわせる形でコールレートは低下を続け、1995年10月には0.5％を下回りました。そして、それ以降「政策金利＝事実上ゼロ％」の状態が20年以上続いていることが図1.1から確認できます。

ここで改めて、図1.4の概念図（日銀当座預金に対する需要と供給）を使って、コールレートが事実上ゼロ％にまで低下するメカニズムを考えましょう。図1.5には、日銀当座預金に対する右下がりの需要曲線と、垂直の供給曲線が描かれています。1990年代前半の時期、各種の金融市場調節を通じて資金供給（日銀当座預金の供給）の増加が続き、R^Sは右方向へのシフトが続いてきたとみられます[3]。その結果、コールレートは低下を続け、1995年半ばに事実上ゼロ％に到達したと理解できます（図1.5のE点）。

その後日本銀行は、銀行危機（1997〜1998年）や長引くバランスシート調整など、さらなる景気下振れに対処するために、1999年2月に「ゼロ金利政策」、2001年3月には「量的緩和政策」といった非伝統的な政策を世界に先駆けて導入しました。

---

3) 資金供給の増加に加えて、企業の設備投資需要の低迷を背景に、金融機関による資金需要の減少（日銀当座預金に対する需要の減少、R^Dの左方向へのシフト）も同時に起こっていた可能性も考えられます。

図1.5 コールレートが事実上ゼロ金利に到達

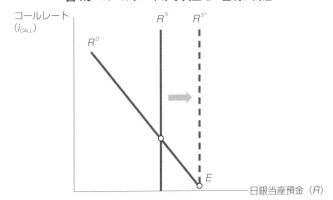

　2008年9月には世界金融危機が，そして2010年5月にはギリシャ・ユーロ危機が発生し，欧米でも危機対応の一環として非伝統的金融政策が実施されていきます。政策金利がゼロ％まで引き下げられ，機能不全に陥った金融市場に中央銀行が積極的に介入し，非伝統的なさまざまな政策手段（資産買入れや資金供給）が導入されました。

非伝統的金融政策は危機の急性期後にさらに強化・拡充されてきた

　中央銀行による積極的かつ異例の対応により，世界経済は危機の急性期を乗り切りました。しかしその後も，企業や家計，そして金融機関のバランスシート調整が続き，景気回復には力強さが欠けるなかで，非伝統的な金融政策は，さらに強化・拡充されていくことになります。

　各国の非伝統的金融政策に関する主な取組みを概観してみましょう。章末の付表1.1には，米国，欧州，日本の中央銀行に

よって実施された主要な取組みについてまとめています。

　米国では，政策金利が事実上のゼロ金利まで引き下げられた後，「ゼロ金利継続に関する先行きの指針（フォワードガイダンス）」が段階的に強化されました。これは後ほど詳しく説明する「政策金利のフォワードガイダンス」に相当します。また危機の急性期にスタートした「大規模資産買入れ政策（Large Scale Asset Purchases: LSAP）」についても，2010年，2012年と相次いで拡充されました。

　欧州では，とりわけ2011年ドラギ総裁が就任して以降，非伝統的な取組みが積極的に実施されています。特に「国債買入れプログラム（2012年）」では，条件付きながら無制限に国債買入れを行うと宣言することで，当時最も懸念されていた「ユーロ崩壊」という深刻なテイルリスク——発生確率は低くても仮に発生すれば甚大な影響を及ぼすリスク——が払拭されました。その後も，政策金利のフォワードガイダンスの導入（2013年），マイナス金利政策（2014年），資産買入れ政策（2015年）など，非伝統的金融政策が拡充されてきています。

　そして日本では，わが国での金融危機時に導入されたゼロ金利政策（1999年），量的緩和政策（2001〜2006年）の後，包括緩和政策（2010年），量的・質的金融緩和政策の導入と拡大（2013年，2014年），そしてマイナス金利政策（2016年）へと進展してきました。

　先進各国の非伝統的な取組みを概観すると，共通する特徴は，当初は危機対応として導入された異例の措置が，危機の急性期が終わっても継続・拡充され，さらに新しい取組みが試みられ，発展してきているという点です。

各国の金融政策は、いうまでもなく、それぞれの政策目標（マンデート）達成のために実施されています。日米欧の物価面での政策目標は、現在、2％のインフレ目標で基本的に共通していますが、各国の非伝統的金融政策が危機後数年を経てさらに拡充・強化されている状況は、各国で政策目標が未達成であるという現実を如実に物語っています。

なお、政策目標をめぐる論点、とりわけ日本の2％物価安定目標の是非については、4章で改めて検討します。

非伝統的金融政策の主要な政策手段

日本そして米欧のこれまでの展開に基づき、非伝統的政策の主要な政策手段について説明したいと思います。これまでに実施された非伝統的な政策手段は、大きく次の3つに分類できます。

①**政策金利のフォワードガイダンス**：事実上のゼロ金利を将来にわたり継続することを事前に約束する
②**非伝統的な資産の買入れ**：長期国債や住宅ローン担保証券などの購入（バランスシートの資産項目の変更・拡充）、バランスシート全体の拡大
③**資産買入れのフォワードガイダンス**：非伝統的な資産買入れを将来にわたり継続することを事前に約束する

なお、**マイナス金利政策**も非伝統的手段として考えられますが、ここでは割愛しています。マイナス金利政策は、欧州の中央銀行（スウェーデン、デンマーク、ECB、スイス）が導入し、

日本でも 2016 年 1 月に導入が決定され，2 月に実施されました。ただし，少なくとも本書の執筆時点において，実際の政策手段としてどこまで機動的に利用できるのか，金融機関への収益面や資産価格への影響をどう考えるかなど，課題も指摘されています。マイナス金利ついては，6 章で改めて検討します。

では，3 つの政策手段について順に説明しましょう。

①政策金利のフォワードガイダンス

これはゼロ金利を将来にわたり継続することを事前に表明することで，将来の政策金利への「予想」に働きかけ，そうすることでゼロ金利下にもさらなる緩和効果を追求しようとする政策です。先行きの政策に関する指針を公表するので，「フォワードガイダンス」と一般に呼ばれます。各国で実施されてきた政策金利に関するフォワードガイダンスは，章末の付表 1.1 に記載されています。

実際，日本の非伝統的金融政策は，①の「ゼロ金利政策」からスタートしました。ゼロ金利政策は 1999 年 2 月に始まりましたが，同年 4 月の総裁記者会見では，「デフレ懸念の払拭が展望できるような情勢になるまで継続する」という点が政策委員会で合意されたと表明されました。これはゼロ金利を将来にわたり維持することを予め約束するもので，「時間軸政策」とも呼ばれます。（導入の詳しい経緯は，植田（2005）に解説されています）。

米国では，金融危機後，政策金利のフォワードガイダンスはさまざまなバージョンが試みられ，進化を遂げています。当初 2008 〜 2011 年は「しばらくの間（for some time）」，「より長期

の期間(for an extended period)」事実上のゼロ金利を継続するという形で公表されていました。これは期間や継続条件を特に明記していないので,「質的な」フォワードガイダンスといわれます。2011年からは,期間を明示するガイダンスが導入され,「少なくとも2013年半ばまで」,「2014年終盤まで」,「2015年半ばまで」といった形で,「日付ベースの」フォワードガイダンスが採用されました。さらに2012年12月には,「失業率が6.5%を上回り,インフレ率とインフレ予想が2%目標の近くで安定している限り」ゼロ金利を継続することが適切であるというガイダンスが導入されました[4]。これは,政策目標(米国では雇用の最大化と物価の安定)にリンクして,あらかじめ期間を明示しない形での——したがって「オープンエンド」の——フォワードガイダンスと理解されます。

こうした政策金利のフォワードガイダンスは,いずれも,将来にわたり事実上のゼロ金利が続くという市場の予想を強化するもので,より長めの金利に下押し圧力を加えます。その理由は,長期金利と短期金利の関係を表す「期待理論」と呼ばれる考え方,すなわち,

$$長期金利＝現在から将来の短期金利の平均値 \qquad (1.1)$$

という関係式から理解できます(付論1.1を参照)。つまり,ゼロ金利のフォワードガイダンスが導入されることで,将来より

---

4) 正確には,「(i) 失業率が6.5%を上回り,(ii) 1～2年先のインフレ見通しが2.5%を下回り,(iii) 長期のインフレ予想がアンカーされている限り,事実上ゼロ金利を継続することが適切である」と対外公表文に明記されました。

長く(あるいはより確実に)ゼロ金利が続くという予想が広まると,(1.1)式の関係から,長期金利に対する低下圧力が強まると考えられます。

また,政策目標とリンクする形でのガイダンスが採用される場合には,経済や物価の十分な改善がない限りゼロ金利は続けられると人々は予想することになります。経済の改善が遅れれば,それだけゼロ金利予想が長期化し,長期金利に低下圧力が加わるので,それが景気回復を下支えするという「自動安定化メカニズム」が働くことも期待されます。

ただし,景気や物価に対してより積極的な刺激効果を及ぼすには,厳密には,「将来利上げが望ましい時期になってもなおゼロ金利を続ける」ということに事前にコミットする(強く約束する),そしてそれを人々に信用してもらうことが必要となります。その理論的なメカニズムの詳細は,2章の理論パート(「3節 ゼロ金利コミットメントの効果」)で議論します。必要以上に長くゼロ金利を続けるというガイダンスが,実際,日本や米国で公表されたフォワードガイダンスに含まれているかどうかは重要な論点です。

また,必要以上に長くゼロ金利を続けるという約束を,本当に人々に信じてもらえるかという別の問題もあります(これは,「時間非整合性(time inconsistency)」の問題と呼ばれます)。

仮に首尾よくその約束が信じられて長期金利が低下し,景気も上向き,実際に利上げが望ましいという時期が訪れたとします。そのとき,中央銀行にはゼロ金利維持の約束を破棄する誘因が存在します。なぜなら,「利上げすべきときに利上げしない」と事前に約束してねらいどおり景気が上向いてしまえば,

実際に利上げすべきときが来ると、やはり利上げした方が事後的には景気の過熱を防ぐという意味で望ましくなるからです。このように中央銀行には事後的に約束を破棄する誘因が存在するとあらかじめ人々や市場が知っていれば、そもそも当初の約束が信用されず、緩和効果も生み出せなくなるでしょう。こうした時間非整合性の問題にも注意が必要です。

②非伝統的な資産の買入れ（バランスシート政策）

次に②の非伝統的な資産の買入れについて説明します。中央銀行の金融市場調節は、伝統的な政策においては、短期の（通常は1年以内の）資産の買入れや資金供給（貸出）に限られていました。図1.4や図1.5で例示した日銀当座預金の供給は、もっぱら短期の市場調節手段によるものでした。しかし、金融危機が発生し、政策金利が事実上のゼロ金利となるなかで、これまで扱ってこなかった長期国債や民間部門の証券（住宅ローン担保証券、コマーシャルペーパーや社債、そして株式や株式投資信託など）の買入れ、あるいはより長期の資金供給に踏み込むようになります。

こうした異例の市場介入は、当初、金融危機の渦中において金融市場が機能不全に陥るなかで実施されました。市場参加者が取引相手の信用力に疑心暗鬼となり、さまざまな証券の買い手が不在となるなかで、中央銀行が買い手として取引に参加しました。その結果、市場が落ち着きを取り戻し、危機の悪化を防ぐ役割を果たしたとみられています。

実際日本では、2001年からの「量的緩和政策」において長期国債の買入れ増額が実施されて金融環境の改善を強力にサ

ポートし、また金融システムを安定させるため銀行保有株式の買入れという異例の措置も講じられました（2002年11月）。米国では、金融危機（住宅バブル崩壊）の震源元である住宅ローン担保証券や住宅公社債務の買入れなどが実施されました（2008年11月、大規模資産買入れ政策）。欧州でもギリシャ危機が勃発するなかで、欧州周縁国の国債の買入れが実施されました（2010年5月、証券市場プログラム）。

こうした危機時の資産買入れ政策は、「信用緩和（credit easing）」とも呼ばれ、危機の急性期を乗り越え、経済の底割れを防いだとして、その意義が広く認められています。しかし、危機時の緊急対応として始まった異例の資産買入れが、危機の急性期が過ぎ去って、経済や金融市場がおおむね正常化してもなお続けられ、拡充されることになります。

米国の大規模な資産買入れは、市場のインフレ予想が低下するなかで、2010年10月、再び実施されます（大規模資産買入れ第2弾、LSAP 2）。日本でも、ギリシャ・ユーロ危機による下振れリスクが強まるなかで、2010年10月に「包括緩和策」が導入され、より長期の（残存2〜3年までの）国債とさまざまなリスク性資産（CP、社債、株式投資信託、不動産投資信託）を買い入れるための基金が創設され、資産買入れプログラムが実施されました。

LSAP 2や包括緩和における資産買入れは、あらかじめ期限が設定されており、また包括緩和においては買入れ規模が徐々に拡大されるという形で実施されました。基本的に慎重な運営が主流であったといえます。包括緩和における資産買入れ等の基金は、当初目標残高が35兆円程度であったのが、順次規模

が拡大し、約2年半の間に合計9回増額されることになります（最終的に2013年1月、110兆円程度まで拡大）。

　大規模な資産買入れ政策は、バランスシートの資産サイドの内容とともに全体の規模も変わることから「バランスシート政策」と呼ばれます。あるいは特にその量に着目して、「量的緩和（Quantitative Easing: QE）」と呼ばれたりします。また中央銀行のバランスシートの大きさは、基本的にマネタリーベースに相当することから、資産買入れ政策はマネタリーベース拡大政策とも解釈できます。中央銀行のバランスシートの具体例、そしてマネタリーベースとの関係については、20～21ページのBoxを参照してください。

③資産買入れのフォワードガイダンス
　非伝統的金融政策は、いま説明した②の取組みを経て、③の資産買入れに関するフォワードガイダンスへと発展していきます。具体的には、これまで期限を区切って慎重に実施されてきた資産買入れが、ゼロ金利政策と同じく、政策目標にリンクする形でオープンエンドに継続して実施されるようになりました。

　日本では、2013年4月に決定された量的・質的金融緩和において、資産買入れのフォワードガイダンスがオープンエンド性を持つ形で明示的に導入されました。量的・質的金融緩和政策は、それ自体、②の大規模な資産買入れ・資金供給政策です。具体的には、(i) マネタリーベースの拡大（年間60兆～70兆円のペースで残高が増加）、(ii) 長期国債買入れの拡大（年間50兆円のペースで残高が増加）とリスク性資産の買入れ、(iii) 長期国債買入れの年限の長期化（7年程度）からなります。そして

その継続条件として,「2%物価安定目標を安定的に実現するために必要な時点まで継続する」と明記されました。これほど大規模な資産買入れ政策を,政策目標とリンクさせ,あらかじめ期限を明記せずにオープンエンドの形で実施することはきわめて異例の政策です。目標達成に必要な時点まで,つまり可能性としては相当な期間継続することも辞さないという約束を明記したことは,それだけ市場参加者の予想に強力に働きかけ,金融環境に対する緩和効果——特に株価や為替レートを改善する効果——を持続的なものにしたと考えられます。その理論的なメカニズム,ならびに実証的なマクロ経済効果については,2章,3章で詳しく検討します。

　オープンエンド性を有する大規模資産買入れのフォワードガイダンスを初めて導入したのは米国です[5]。2012年9月,FRBは大規模資産買入れ第3弾(LSAP 3)を決定し,毎月450億ドルの長期国債買入れと400億ドルの住宅ローン担保証券の購入を,あらかじめ期限を定めず労働市場が十分改善するまで(つ

---

5) この点を補足すると,量的緩和に関する,政策目標にリンクしたフォワードガイダンスを初めて導入したのは,2001年日本の「量的緩和政策」です。そのときのガイダンスは,「量的緩和政策を消費者物価インフレ率が安定的にゼロ%以上となるまで継続する」というもので,政策枠組みの継続に関して,政策目標にリンクしたオープンエンド性を有していました。ただし残高目標については「当面5兆円規模を目指す」という形で固定されていました。つまり,目標値はその後も順次引き上げられましたが,バランスシートがオープンエンドで拡大するというスタイルではありませんでした。政策目標にリンクし,かつバランスシート規模もオープンエンドで拡大していくガイダンスが導入されたのは,米国のLSAP 3が初めてといえるのです。

Box 中央銀行のバランスシートとマネタリーベース

①中央銀行のバランスシート

中央銀行のバランスシートは、非伝統的な金融政策によって、その資産構成が変わるとともに、規模全体も変化します。

表 1.1 は、2016 年 7 月末現在の日本銀行のバランスシートの詳細を表しています（オリジナルの表の関連する項目を適宜集計して表記しています）。

資産側の主要項目は、「長期国債」、「短期国債」、「貸付金」、「株式・株式投資信託・不動産投資信託」などです。負債側の主要項目は、「日本銀行券」、「日銀当座預金」、「政府預金」などです。バランスシートの合計は 443.1 兆円です。

同じバランスシートを、5 年前と比べてみると、非伝統的な資産項目である「長期国債」、「株式・株式投資信託・不動産投資信託」、「社債・コマーシャルペーパー等」が大きく拡大しています。その結果、バランスシート全体の規模も 3 倍以上拡大しています（表 1.2）。

②マネタリーベース

中央銀行のバランスシートの規模は、基本的にマネタリーベースに対応します。マネタリーベースの定義を確認すると、

マネタリーベース＝日本銀行券(A)＋日銀当座預金(B)＋貨幣流通残高

と表されます。

日本銀行券と日銀当座預金は、バランスシート表では負債側の主要項目に当たります（表 1.1 の項目 A と B、96.5 兆円と 302.8 兆円）。それに、硬貨である貨幣流通残高（4.7 兆円）

表 1.1　日本銀行のバランスシート（2016 年 7 月末，単位：兆円）

資　産		負　債	
長期国債	332.1	日本銀行券（A）	96.5
短期国債	54.6	日銀当座預金（B）	302.8
貸付金	32.8	政府預金	27.9
株式・株式投資信託・不動産投資信託	10.3	海外中央銀行預金	7.9
外国為替	6.5	引当金	4.5
社債・コマーシャルペーパー等	5.4	その他	3.5
その他	1.4		
合　計	443.1	合　計	443.1

（出所）　日本銀行「営業毎旬報告」（2016 年 7 月 31 日現在）。

表 1.2　日本銀行のバランスシート（2011 年 7 月末，単位：兆円）

資　産		負　債	
長期国債	62.2	日本銀行券（A）	79.4
短期国債	18.9	日銀当座預金（B）	28.0
貸付金	42.7	政府預金	3.8
株式・株式投資信託・不動産投資信託	1.8	売現先	16.8
外国為替	5.0	引当金	3.2
社債・コマーシャルペーパー等	2.4	その他	3.3
その他	1.5		
合　計	134.5	合　計	134.5

（出所）　日本銀行「営業毎旬報告」（2011 年 7 月 31 日時点）。

を追加して，2016 年 7 月末のマネタリーベース残高は 403.9 兆円となります。2011 年 7 月末時点では，同様に表 1.2 の日本銀行券と日銀当座預金に貨幣流通残高（4.5 兆円）を加えて，マネタリーベースは 111.8 兆円でした。マネタリーベースには政府預金以下の項目は含まれませんが，上記の定義式から，マネタリーベースは基本的にバランスシート規模に相当することがわかります。

まりオープンエンドの形で）継続することを公表しました。毎回の政策決定会合ではその買入れが適切かどうか点検されますが，基本的には，そうした大規模な買入れを政策目標にリンクした条件が達成されるまで継続すると約束したもので，実際，これはきわめて強力な資産買入れ政策と受け止められました。それまで労働市場の改善に時間を要していたことから，導入当時「QE infinity（無限に続く量的緩和政策）」とも評されました。

　実際，FRB によるオープンエンドの資産買入れは，かなり大規模かつ長期間継続されるとの予想が広がっていたように推察されます。その証左として，2013 年 5 月「バーナンケ・ショック」と呼ばれるエピソードがあります。バーナンケ FRB 議長が，当時の議会証言において，資産買入れの減額（テーパリング：tapering）の可能性に初めて言及し，その発言を受けて長期金利は 1％も急騰したのです。ハイペースでの資産買入れが相当長期に継続すると予想していた市場にとっては，まさに突然の「ショック」と受け止めたようです。

　このことは，将来にわたり政策が継続されるという予想に強力に働きかけるオープンエンドのフォワードガイダンス政策を修正する際には――あるいはその修正をほのめかすだけでも――，逆の引締め方向に強い力が働くことを示唆しています。これは出口戦略に関わる重要な論点ですが，いずれにしても，この LSAP 3 政策により，金融環境はさらに緩和的となり，米国経済の（そしておそらくはグローバル経済の）回復を強力にサポートしたとみられています。

　そして欧州でも，2015 年 1 月，オープンエンドのフォワードガイダンスを伴う資産買入れ政策（Asset Purchase Programme: APP）が導入されました。これは「ソブリン QE（国債に関する量的緩和政策）」とも呼ばれる政策で、「インフレ率が2％目標に達する経路に持続的に調整されるまで継続する」という、やはり政策目標にリンクしたフォワードガイダンスが明記されたのです。これにより、欧州も、米国、日本に肩を並べる強力な資産買入れ政策に踏み込んだものと受け止められています。

　以上、非伝統的な政策手段の3つの類型をみてきました。日本では、実際、①は「ゼロ金利政策」、②は「量的緩和政策」、「包括緩和政策」、そして③は「量的・質的金融緩和」という形で進化・発展してきたことがわかります。そして、③の大規模資産買入れとそのオープンエンドのフォワードガイダンスは、米国、日本、欧州と先進国経済で広く採用され、現在に至っています。各国・各経済では、それぞれの政策目標の達成を目指して、異例の政策対応を模索し続けているのです。

効果波及メカニズムは伝統的金融政策と変わらない

　非伝統的金融政策は近年進展の著しい新しい取組みですが、伝統的金融政策と比べて、基本的に変わらない部分があります。それは、効果波及メカニズムについてです。

　先に述べたとおり、伝統的な金融政策では、

「政策金利（短期金利）→長期金利→銀行信用、株価・為替レートなどの資産価格→企業・家計の支出行動→景気・物価」

という経路を通じてその効果が経済に波及していくと述べました。

一方、非伝統的政策は、①、②、③の手段とも、基本的に長めの金利に働きかける政策です。まず①の政策金利のフォワードガイダンスは、先に述べた「期待理論」の関係式に基づいて、将来の短期金利の予想経路に働きかけることで（つまり事実上のゼロ金利がより長期に続くとの予想が広がることで）、長めの金利に下押し圧力がかかります。

次に②の資産買入れでは、代表的な手段は、長期国債や住宅ローン担保証券など長期証券の買入れなので、それらの資産を大規模に買い入れることで価格は上昇し、利回りは低下することになります。章末の付論1.1で議論する、「期待理論」にタームプレミアム項を追加して拡張した式（付論1.1内の(1.4)式）で考えると、仮に将来にわたる短期金利の経路が変わらないとしても、中央銀行による長期国債の買入れ拡大によって、長期債価格が上昇する、すなわち投資家が長期債投資に要求していた「上乗せ利回り（タームプレミアム）」部分が低下することが考えられます。したがって、やはり長期金利に下押し圧力がかかります。

そして③の資産買入れのフォワードガイダンスでは、②におけるタームプレミアム項への働きかけが持続するので、長期金利への下押し圧力も持続します。

さらに付言すると、大規模な資産買入れとそのフォワードガイダンス（②と③）には、バランスシートを大規模かつ相当期間拡大することで、中央銀行は簡単に金融引締めに転換しないだろうとの予想形成に寄与するかもしれません（これは、緩和継続の強い政策意図を示すということから、「シグナル効果」と呼ばれます）。その場合には、タームプレミアムだけでなく、将

来の短期金利の予想にも下押し圧力が追加されることになり，長期金利への効果を強める可能性もあります。

このように非伝統的金融政策では，①，②，③のいずれの手段も，長期金利に対してより直接的かつ強力に働きかける効果が期待されます。そして，その後の波及メカニズムは，上記に示した伝統的な経路における「長期金利以降」と同じです。すなわち，長めの金利が低下し，株価や為替レートなどの資産価格そして銀行信用といった金融環境は全般に改善されて（つまりより緩和的になって）支出活動を刺激し，最終的に景気や物価に影響を与えるという経路です。

これに加えて，大規模なバランスシート拡大とそのフォワードガイダンスによって，人々のインフレ予想が高まることも可能性として考えられます。それは，「長期的に貨幣量は物価のみに影響を与える」とする経済学の基本ロジック——「貨幣数量説」——からもたらされることもありえますし，また強力な金融政策を契機にそれまで萎縮していた人々のマインドが好転し，将来にわたって支出の拡大が持続するとの予想が浸透して，将来物価がより上昇するとの予想が広がる，といった可能性も考えられるかもしれません。インフレ予想が高まれば，実質金利が全般に低下するので，上記の波及経路がさらに強まることが期待されます。図1.6には，こうしたメカニズムも含め，量的・質的金融緩和政策における効果波及ルートが例示されています。

いずれにしても，基本的な波及メカニズムは，伝統的金融政策が短期金利を出発点とし，非伝統的金融政策が長期金利を出発点とするという違いを除けば，基本的に同じものであること

図1.6 「量的・質的金融緩和」の効果波及ルート

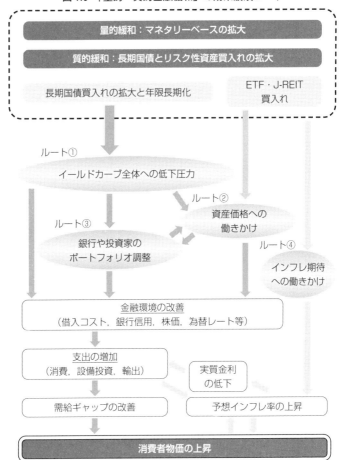

革新的なのは先々の政策行動を事前に公表する点

　では,非伝統的金融政策の何が新しく,革新的なのでしょうか。この点,私は,①と③のフォワードガイダンスの部分,す
なわち将来の政策行動を事前に公表し約束するという部分が,伝統的な政策にはない,最も重要かつ革新的な部分だと考えます。

　伝統的な政策運営では,将来の政策行動を事前に明示することはなく,市場参加者の予想に暗黙のうちに働きかけていたといえます。たとえば利上げを行うと,将来の政策を特に言及しなくとも,市場参加者は利上げが何回か続くと独自に予想し,またそうした予想がより長期の金利へ波及するために重要でした。

　一方,非伝統的な政策運営では,将来の政策行動を政策決定の公表文に記載するなどして明示して,人々や市場の予想にダイレクトに働きかけることで,さらなる緩和効果を追求します。これは,この間のゼロ金利経済と格闘するなかで中央銀行が編み出した,大変重要な「イノベーション」であるといえます。

　そして,このフォワードガイダンスというイノベーションにより,金融政策と,長期金利,株価,為替レートなど資産価格全般とのリンケージは,これまで以上に強まりました。これは当然の帰結であり,ねらいでもあるわけですが,いずれにせよ,非伝統的な金融政策がもたらした基本的な意味合いであると考えます。資産価格は,金利予想,企業収益予想,景気・インフレ予想など,市場参加者のさまざまな将来の「予想」を反映す

る（つまり「フォワードルッキングな」）変数です。中央銀行が直接，自らの将来の政策行動について情報を――時には具体的に――提供し，政策目標にリンクさせてオープンエンドに政策継続を公表することは，市場参加者の将来予想に，したがって資産価格に，きわめて強力な影響を及ぼすでしょう。実際，わが国の量的・質的金融緩和の導入により，株価や為替レートが持続的に改善したという事実と整合的です。それはまた，3章で行われるフォーマルな実証分析の結果からも示唆されます。

このようにフォワードガイダンス，特に資産買入れに関するオープンエンドの政策継続の表明は，非伝統的な金融政策における最も革新的な部分であり，3章で示されるエビデンスとあわせて考えると，暫定的ながら，その有効性は高いと評価できます。

しかし同時に，中央銀行自らが市場の予想に直接影響を及ぼすという新しい領域に踏み込んだことで，市場予想のマネジメントや情報発信のあり方という面で難度が増すという問題も生じています。というのも，金融市場の予想は，時として中央銀行の意図を越えて増幅します。将来の政策に関して中央銀行が具体的な情報を提供すると，期待される効果は強まりますが，一方で，市場の予想が過度に増幅するリスクにも注意しなければなりません。市場の予想と中央銀行の政策行動が合致しない場合は，サプライズと受け止められ，意図せざる反応を招来する可能性もあります。

中央銀行の情報発信には，正式な政策決定や対外公表文だけではなく，総裁の記者会見や国会での発言，ボードメンバーによる講演などさまざまなルートがあり，それぞれが多かれ少な

かれ市場参加者の予想に影響を及ぼすとみられます。非伝統的金融政策に踏み込んだ現代の中央銀行は，これまで以上に情報発信の影響，市場予想の展開といったものに注意を払い，よりきめ細かなマネジメントが求められるといえるでしょう。

第 1 章のポイント

- 非伝統的金融政策とは，伝統的な政策手段である政策金利（日本ではコールレート）がゼロ％近くまで到達した後に，さらなる緩和効果を追求する政策を指す。
- 伝統的な金融政策は，コールレートを操作目標として，それをコントロールする政策。日本銀行は，日銀当座預金の供給を調節することで，コールレートを目標水準に誘導する。
- 非伝統的金融政策の主な政策手段は3つ。①政策金利のフォワードガイダンス（先行きの指針），②非伝統的な資産の買入れ，③資産買入れのフォワードガイダンス。なお，マイナス金利政策については6章で詳しく検討する。
- 金融政策が経済に波及していくメカニズム（効果波及経路）は，伝統的金融政策と基本的に変わらない。ともに長めの金利を経由して銀行信用，株価，為替レートなど金融環境に働きかけ，企業・家計の支出行動に影響を及ぼす。
- 非伝統的金融政策の革新的なところは，将来の政策行動を事前に公表する点（①と③のフォワードガイダンス部分）。市場の将来予想に直接的な影響を及ぼすため，資産価格全般とのリンケージはこれまで以上に強まる。

付論 1.1 　長期金利と短期金利の関係：「期待理論」

①「期待理論」の考え方と導出

　ここでは，長期金利と短期金利をつなぐ考え方として，よく知られる「期待理論」を紹介します。まずその結論から述べると，長期金利は現在から将来の短期金利の平均値で表されるというものです。すなわち，本文の (1.1) 式を再掲すると，

$$\text{長期金利} = \text{現在から将来の短期金利の平均値} \qquad (1.1)$$

という関係が成り立つという考え方です。

　この関係式は，次の 2 つのステップに分けて導かれます。

　最初のステップでは，2 つの投資機会を考えます。1 つは，長期債に投資して満期まで保有する，もう 1 つは短期債に投資し，満期が来れば再投資を繰り返して長期債と同じ期間投資する，というものです。具体例で考えると，前者は 10 年物国債に投資して 10 年間保有する取引，後者は 1 年物国債に投資して満期が来れば再投資を繰り返して 10 年間投資を続ける取引となります。

　いま，t 期における 10 年物国債，1 年物国債のそれぞれの利回り（満期まで保有した場合の複利最終利回り）を $i_{B,t}$，$i_{S,t}$ とします。そのとき，10 年物国債への投資によるリターン（元利合計）は，

$$(1+i_{B,t})^{10}$$

となります。1 年間の元利合計を 10 乗する形で保有期間のリターンが求められます。

　一方，1 年物国債を繰り返し 10 年間投資した場合のリターンは，

$$(1+i_{s,t})(1+i_{s,t+1})\cdots(1+i_{s,t+9})$$

となります。1年物国債の t 期に投資した元利合計 $(1+i_{s,t})$ を $t+1$ 期に再投資し，またその元利合計 $(1+i_{s,t})(1+i_{s,t+1})$ を $t+2$ 期に再投資し，それを $t+9$ 期まで（合計10年間）続けることで，このリターンが得られます。

導出の2つめのステップは，いま求めた2つのリターンが，裁定取引の結果，等しくなるというものです。裁定取引とは，2つの投資機会のリターンに差がある場合，低いリターンの投資機会から高いリターンの投資機会へと資金が移る，そうした取引を指します。

たとえば，いま，上記2つのリターンのうち，長期債投資のリターンの方がより高ければ，

$$(1+i_{B,t})^{10} > (1+i_{s,t})(1+i_{s,t+1})\cdots(1+i_{s,t+9})$$

となります。このとき，裁定取引の結果，長期国債への投資が増え，短期国債への投資が減ります。長期国債を買う人が増えると，その価格は上昇し，（債券価格と利回りには逆方向の関係があるため）利回りは低下します。一方，短期国債は買う人が減るので価格が下落し，利回りは上昇します。こうした調整は，両者の利回りが等しくなるまで続き，最終的に，次のような等式の関係，すなわち，

$$(1+i_{B,t})^{10} = (1+i_{s,t})(1+i_{s,t+1})\cdots(1+i_{s,t+9}) \qquad (1.2)$$

が成り立つと考えられます。複数の投資機会に関する裁定取引の結果成り立つ上記のような関係式は，「裁定関係」とも呼ばれます。以上が期待理論の基本的な考え方です。

最後に（1.2）式の両辺に対数を取って近似すると，次の式が得られます[6]。

---

6) $\log x^a = a \log x$ なので，（1.2）式の左辺に対数を取ると，$\log[(1+i_{B,t})^{10}] = 10\log(1+i_{B,t})$ となります。また（1.2）式の右辺に対数を取る

$$i_{B,t} = \frac{1}{10}(i_{s,t} + i_{s,t+1} + \cdots + i_{s,t+9}) \qquad (1.3)$$

このことから,「長期金利は現在から将来の短期金利の平均値と等しくなる」という (1.1) 式の関係が導かれます。

②期待理論の拡張：タームプレミアムの追加

期待理論の基本式 ((1.1) 式) は,「タームプレミアム」と呼ばれる項を右辺に追加して拡張することができます。その拡張された式は,

$$\text{長期金利} = \text{現在から将来の短期金利の平均値} + \text{タームプレミアム項} \qquad (1.4)$$

と表現されます。

(1.4) 式に拡張されるロジックは次のとおりです。上記の2つの投資機会のうち,長期債に投資する場合には,リスクとして,満期日より前に売却して現金化する必要が発生するかもしれません（そしてその際の売却価格は不確実です）。そのリスクは,一般に,投資期間がより長期になればなるほど高まると考えられます。そうしたリスクを回避したいと考える投資家は,長期の債券投資に対して,途中換金リスクに見合ったより高い利回り——上乗せ金利（プレミアム),すなわち「タームプレミアム」——を要求するでしょう。上記の具体例で考えれば,(1.2) 式の右辺に,タームプレミアム θ を追加することになります。すなわち,タームプレミアムを上乗せしたもとで同様の裁定取引が行われるとすれば,

---

と,$\log(1+i_{s,t})(1+i_{s,t+1})\cdots(1+i_{s,t+9}) = \log(1+i_{s,t}) + \log(1+i_{s,t+1}) + \cdots + \log(1+i_{s,t+9})$ です。$\log(1+x)$ は x に近似できることが知られているので,(1.3) 式が得られます。

$$(1+i_{B,t})^{10} = (1+i_{s,t})(1+i_{s,t+1})\cdots(1+i_{s,t+9})(1+\theta) \qquad (1.5)$$

という裁定関係が成立します。この (1.5) 式を, 先ほどと同じく対数を取って近似すると,

$$i_{B,t} = \frac{1}{10}(i_{s,t} + i_{s,t+1} + \cdots + i_{s,t+9}) + \frac{1}{10}\theta \qquad (1.6)$$

となり, (1.4) 式の表現が得られます。

 (1.4) 式あるいは (1.6) 式のタームプレミアム項は, 将来の短期金利の予想が変わらないもとで, 投資家のリスク回避姿勢の変化や中央銀行による資産買入れなど, 長期国債に対するさまざまな需給要因の変化によって影響を受けると考えられます。

付表 1.1　米国, 欧州, 日本における主な非伝統的金融政策

1. 米　国

日　付	主な非伝統的金融政策
2008 年 11 月 〜 2010 年 3 月	**大規模資産買入れ (Large-Scale Asset Purchases: LSAP) 発表** ・住宅ローン担保証券, 住宅公社債務, 長期国債の買入れ ・合計買入れ額 1 兆 7250 億ドル (2010 年 8 月から再投資継続)
2008 年 12 月	**政策金利を事実上のゼロ金利 (0 〜 0.25%) へ引き下げ** **政策金利のフォワードガイダンス導入** ・事実上のゼロ金利をしばらくの間(for some time)続ける
2009 年 3 月	**政策金利のフォワードガイダンス延長** ・事実上のゼロ金利をより長期にわたり (for an extended period) 続ける
2010 年 11 月 〜 2011 年 6 月	**大規模資産買入れ第 2 弾 (LSAP2) を発表** ・長期国債 6000 億ドル買入れ (月 750 億ドル)
2011 年 8 月	**政策金利のフォワードガイダンス強化** ・事実上のゼロ金利を少なくとも 2013 年半ばまで続ける
2011 年 10 月〜 2012 年 6 月	**残存期間延長プログラム (Maturity Extension Program: MEP) を導入** ・長期国債を購入し同額の短期国債を売却 (4000 億ドル) ・バランスシート規模を一定に保つ一方, 保有国債の平均残存期間を長期化
2012 年 1 月	**長期の 2%インフレ目標を導入 (Longer-run Inflation Goal)** ・物価安定に関する政策目標を 2% (消費支出デフレータ) と明記 **政策金利のフォワードガイダンス延長** ・事実上のゼロ金利を少なくとも 2014 年終盤まで続ける
2012 年 9 月	**大規模資産買入れ第 3 弾 (LSAP 3) を発表** ・長期国債と MBS, 毎月計 850 億ドル購入 ・資産買入れのフォワードガイダンス: 労働市場の見通しが十分に改善するまで継続する **政策金利のフォワードガイダンス延長** ・事実上のゼロ金利を少なくとも 2015 年半ばまで続ける

2012年12月	**政策金利のフォワードガイダンス強化** ・事実上のゼロ金利を，失業率が6.5%を上回りインフレとインフレ予想が目標近くで安定している限り続ける
2013年12月	**大規模資産買入れ (LSAP3) の買入れペースを減額 (Tapering)** ・2014年1月から毎月購入額を750億ドルへ減額 ・会合ごとに減額され，2014年10月に買入れ終了。再投資は継続
2014年3月	**政策金利のフォワードガイダンス修正** ・事実上のゼロ金利を，大規模資産買入れ政策終了後もかなりの期間 (for a considerable time) 続ける
2015年12月	**政策金利を引き上げ (0.25〜0.5%)**

(出所) 連邦公開市場委員会 (FOMC) 公表文，FRBプレスリリース。

2. 欧 州

日 付	主な伝統的・非伝統的金融政策
2010年5月	**証券市場プログラム (Security Market Program: SMP) を導入** ・市場機能の不全に陥った長期国債を購入，ただし同額の資金吸収を行ってバランスシートは拡大せず
2011年4月	政策金利1.25%へ引き上げ
2011年7月	政策金利1.50%へ引き上げ
2011年11月	政策金利1.25%へ引き下げ（ドラギ総裁就任）
2011年12月	政策金利1.00%へ引き下げ **3年物資金供給オペ (36-months Longer-term Refinancing Operation: LTRO) 実施**
2012年7月	政策金利0.75%へ引き下げ
2012年9月	**国債買入れプログラム (Outright Monetary Transactions: OMT) を導入** ・買入れ対象となる国は，欧州金融安定化プログラムの要件を満たすことが条件，残存1〜3年の国債を対象 ・買入れ規模は事前には無制限
2013年5月	政策金利0.5%へ引き下げ
2013年7月	**政策金利のフォワードガイダンスを公表** ・政策金利は現状もしくはより低い水準で，より長期にわた

	り (for an extended period of time) 続くことを予想する
2013年11月	政策金利0.25%へ引き下げ
2014年6月	政策金利0.15%へ引き下げ **マイナス金利政策を導入**（付利金利：－0.1%）
2014年9月	政策金利0.05%へ引き下げ **マイナス金利引き下げ**（付利金利：－0.2%）
2015年1月	**資産買入れ政策（Asset Purchase Programme: APP）を導入** ・ユーロ圏の投資適格の国債など，毎月600億ユーロ買入れ，予定期間は2016年9月末まで ・資産買入れのフォワードガイダンス：インフレ率が2%目標へ到達する経路に持続的に調整されるまで継続する
2015年12月	**マイナス金利引き下げ**（付利金利：－0.3%） 資産買入れ政策延長（予定期間を2017年3月へ延長）
2016年3月	政策金利0.00%へ引き下げ **マイナス金利引き下げ**（付利金利：－0.4%） **資産買入れ政策拡大**（毎月800億ユーロ買入れ，社債買入れ開始）

（出所）　欧州中央銀行ホームページ（プレスリリースなど）。

3. 日　本

日　付	主な非伝統的金融政策
1999年2月	**ゼロ金利政策を導入** ・コールレートをできるだけ低めに推移するよう促す。当初0.15%前後を目指し，その後徐々に一層の低下を促す ・ゼロ金利政策のフォワードガイダンス：デフレ懸念の払しょくが展望できるような情勢になるまでゼロ金利政策を続ける（1999年4月，総裁定例記者会見）
2001年3月	**量的緩和政策を導入** ・日銀当座預金残高を操作目標，当初5兆円 ・長期国債買入れを増額 ・量的緩和のフォワードガイダンス：消費者物価インフレ率が安定的にゼロ%以上となるまで継続する ・目標残高は30兆〜35兆円まで順次拡大（〜2006年3月）

2006年3月	「中長期的な物価安定の理解」の導入 ・消費者物価インフレ率0〜2%，中心値は1%前後
2010年10月	包括緩和政策を導入 ・コールレートを0〜0.1%へと誘導 ・政策金利のフォワードガイダンス：物価の安定が展望できる情勢になったと判断するまで継続する ・資産買入れ等基金：当初35兆円（長期国債，短期国債，CP・社債，ETF・J-RIETの買入れ5兆円，固定金利オペ30兆円，予定期間は2011年末まで） ・基金の目標残高は順次拡大（最終的に110兆円程度，2013年1月）
2012年2月	「中長期的な物価安定の目途」を導入 ・消費者物価インフレ率2%以下のプラス，当面1%を目途 **政策金利・資産買入れのフォワードガイダンスを明確化・追加** ・消費者物価インフレ率1%を目指し，それが見通せるようになるまで，ゼロ金利政策と金融資産買入れ等を継続する
2013年1月	「物価安定の目標」を導入 ・物価安定の目標を，消費者物価インフレ率で2%とする **政府・日本銀行の「共同声明」の発表** ・日本銀行は2%物価安定目標をできるだけ早期に実現することを目指す ・政府は，競争力と成長力強化に向けた取組みと持続可能な財政構造を確立する取組みを推進する
2013年4月	量的・質的金融緩和政策を導入 ・操作目標をマネタリーベースとし，年間60兆〜70兆円ペースで増加 ・資産買入れ：長期国債は年50兆円ペースで増加し，平均残存期間も7年程度へと長期化。ETF・J-REITの買入れも拡大 ・2%物価安定目標を，2年程度を念頭に，できるだけ早期に実現する ・資産買入れのフォワードガイダンス：2%物価安定目標を安定的に持続するために必要な時点まで継続する ・上下双方向のリスクを点検し，必要な調整を行う
2014年10月	量的・質的金融緩和を拡大 ・マネタリーベース，資産買入れともに拡大（年間80兆円へ増額）

2016年1月	マイナス金利政策を導入（マイナス金利付き量的・質的金融緩和） ・日銀当座預金のごく一部にマイナスの付利金利を適用（−0.1%） ・マイナス金利政策のフォワードガイダンス：2%物価安定目標を安定的に持続するために必要な時点まで継続する ・今後必要な場合，さらに金利を引き下げる

(出所) 日本銀行ホームページ。

第2章

非伝統的金融政策の効果はあるのか(I)
理論的なメカニズム

はじめに

　本章および次章では，非伝統的金融政策をめぐる第1の論争点である，政策の効果に関する問題を取り上げます。

　非伝統的金融政策へ向けられる批判の1つに，金融危機時には大きな効果を発揮するが，危機の急性期が過ぎ去り，経済や金融市場がおおむね平常時に戻ると，その効果は限定的（あるいは逓減的，diminishing return）との主張があります。あるいは，資産買入れなどの措置は「効き目のない偽薬（プラシーボ）」といった批判がされることもありました。

　こうした批判の背後には，「非伝統的金融政策が経済に及ぼす効果には，そもそも理論的なメカニズムが存在しない」といった認識が暗黙に存在しているように推察されます。

　バーナンキFRB議長が退任直前のある会議において，「資産買入れ政策の問題は，現実には効くが，理論的にはワークしない。それが……（The problem with QE is that it works in practice, but it doesn't work in theory. That's . . .）」と発言し，特に効果に懐疑的な立場の人に好んで引用されているように見受けられます（Bernanke, 2014）。この発言の趣旨は，議長本人の見方を示したのか，それとも一般的な見方を単に紹

介するものだったのか,定かではありません(最後の That's 以下の部分が,モデレータの発言と重なって判別できません)。しかし,近年の経済理論において,「金利がゼロ近くまで低下すると,金融政策の効果は限定的」とする見方がより一般的であることは事実です。

非伝統的金融政策の有効性は,優れて実証的な問題であると同時に,重要な理論的な問題でもあります。理論的なメカニズムがもし皆無であれば,たとえ何らかの効果が現実に観察されたとしても,それは偶然であり,ごく短期的な出来事と片付けられるでしょう。

実証的な証拠については次章で詳しく検討しますが,仮に効果を生み出すとすればどのような理論的なロジックが存在するのか,しっかりと踏まえておくことは重要です。次章の実証的な評価とあわせて,政策効果の大きさと持続性は,非伝統的金融政策の是非を議論するうえで,最も基本的な論点といえます。

本章では,非伝統的金融政策の効果に関する理論モデルをいくつか取り上げて検討します。

具体的な理論モデルとしては,「*IS–LM* モデル(資産価格経路,為替レート経路,予想インフレ経路)」,「ケインズの流動性のわな」,「ゼロ金利コミットメント」,「クルーグマンの『日本経済のわな』モデル」,「資産市場の一般均衡モデル」を取り上げます。

また,本章ではなく,別の章で詳細に議論する理論仮説もいくつか存在します。インフレ目標に関係するモデルとしては,「デフレ均衡」に関する考え方があり,これらは 4 章で紹介します。また,非伝統的政策が実施される経済構造を理解するた

めに用いられる，米欧の「長期停滞（secular stagnation）論」や「履歴効果（hysteresis effects）」と呼ばれる仮説があります。これらは，経済の需要面と供給面の相互依存関係に注目する考え方で，5章で紹介します。

　読者の皆さんはたくさんの理論モデルがあって戸惑われるかもしれません。「すべての経済学者が合意するような『唯一正しい理論モデル』は存在しないのか」と疑問を持たれても当然です。しかし残念なことに，現時点の経済学では，複雑な現実のすべての要素を網羅するような，そしてほぼすべての経済学者が合意するような「唯一正しい経済理論」は存在しません。さまざまな仮定を置いて複雑な現実経済を抽象化し，経済・金融の変動メカニズムのある部分を取り出して議論するのが「理論」です。仮定の現実妥当性はもちろん問題となりますが，ある程度妥当と思われる前提を置いて抽象化することで，表面からはみえにくいさまざまな相互依存関係が浮き彫りにされます。そして問題に応じて，さまざまな理論が構築され，そのロジックが参照されるのです。

　したがって，本書では，何か1つだけの理論に立脚して，非伝統的な金融政策に関する理論メカニズムを論じるのではなく，さまざまな理論ツールを検討することを通じて，非伝統的金融政策の効果に関する全体像を浮かび上がらせたいと考えています。本書ですべての理論仮説をカバーすることは困難ですが，標準的な入門レベルの理論フレームワークを中心に据えて，できるだけ主要な考え方を網羅するように努めました。

　さまざまな理論仮説を検討するという姿勢は，実際に政策判断を行ううえでも重要だと考えられます。どれか1つの理論

に決め打ちして、それだけに依拠して結論を導くのは、理論が持つ役割から考えても望ましくありません。先に述べたとおり、経済学で論じられる理論は、それぞれ異なる前提を置き、異なる切り口・メカニズムに焦点を当て、そして異なる結論を導きます。1つの理論だけに依拠したり、逆に特定の理論を完全に排除するのではなく、さまざまな理論仮説をテーブルに並べて、それぞれの現実妥当性をできる限り丁寧に調べてより妥当性の高いものを見極める、そうした試みの積み重ねがよりよい政策判断につながるのではと思われます。

本章の、そして本書全体の理論的な考察から示唆されることは、非伝統的な金融政策の効果や意義を示す理論メカニズムは、いくつかのモデルから確かに存在するということです。なお、そうした理論的な有効性に関する実際の評価は、背後に想定する仮定や経済構造の妥当性に依拠するものであり、実証的に検証されなければなりません。

1　IS–LM モデルに基づく非伝統的金融政策の効果

標準モデルによる金融政策の効果

IS–LM モデルは、入門レベルの理論モデルとして、短期の経済変動と経済政策の効果を論ずる際に用いられます。*IS–LM* モデルでは単純な消費・貯蓄行動（ケインズの消費関数）が想定されており、それは資産選択行動ともリンクしていないなどの基本的な問題を抱えていますが、一方で明快さという大きなメリットもあります。*IS* 曲線はミクロ的基礎づけを伴う形で

上級モデルに登場しますし，*LM*曲線はより一般化した資産市場モデル（後述する「資産市場の一般均衡モデル」）のベースとなる考え方です。モデルの前提や限界を踏まえつつ利用すれば，有用な理論フレームワークであることに変わりはありません。

モデルの概要を簡単におさらいしましょう。*IS–LM*モデルでは，物価は一定という前提のもとで，経済全体の支出額（総需要Y）と金利（i）が同時に決定されます。横軸に総需要Y，縦軸に金利iを取るグラフにおいて，*IS*曲線は財サービス市場の需給均衡をもたらすようなYとiの組み合わせ（右下がりの曲線），*LM*曲線は貨幣に対する需給を一致させるようなYとiの組み合わせ（右上がりの曲線）が描かれます。そして両曲線の交点で，均衡の，つまり財サービス市場の需給一致と貨幣市場の需給一致の両方が同時に満たされるようなYとiの組み合わせが決定されます（図2.1，「Box *IS–LM*モデルの概要」参照）。

なお*IS–LM*モデルでは，物価は一定と仮定されているため，

図2.1 *IS–LM*モデル

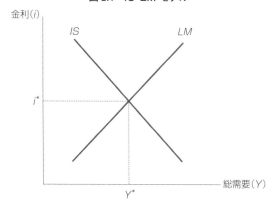

Box *IS–LM* モデルの概要

IS–LM モデルは，物価が変化しない短期を想定し，下記の *IS* 曲線と *LM* 曲線の交点で総需要 Y と金利 i が同時決定されるという考え方です。モデルの外から与えられている条件の変化によって，*IS* 曲線，*LM* 曲線はシフトし，両曲線の交点もシフトします。*IS* 曲線，*LM* 曲線の概要は以下にまとめられます。

IS 曲線

- *IS* 曲線とは：

  IS 曲線とは，財サービス市場の需給を一致させるような総需要 Y と金利 i の組み合わせを表す（*IS* 曲線の形状は右下がり）。

- 財サービス市場の需給一致式：

  総供給(総所得)Y＝総需要 Y
  　　　　　　　＝消費 C＋設備投資 I＋政府支出＋純輸出

  消費 C：総所得が増えると消費が増える，ただし所得の増えた分ほどには消費は増えない（$C=a+bY$, $a>0$, $0<b<1$）。

  設備投資 I：金利が上がると設備投資は減少する。

  政府支出：政府による財サービスの支出。

  純輸出：輸出マイナス輸入。

- *IS* 曲線の形状が右下がりとなる理由：

  いま需給が一致した状態（*IS* 曲線上の 1 点）から金利 i が低下すると，企業の設備投資が増える，つまり需要が供給を上回る状態になる（超過需要）。このとき需給の一致を回復するには，Y が増える必要がある（その際，消費需要も増えるが所得の増え方の方が大きいので，全体として総供給が増え，超過需要が解消さ

れる)。以上の結果, i が低下し Y が増えて, 新たな需給一致が実現するので, IS 曲線は右下がりとなる。

• IS 曲線のシフト:

たとえば政府支出や輸出などの外生的な支出が増えると, IS 曲線は右にシフトする。

LM 曲線

• LM 曲線とは:

LM 曲線は, 貨幣に対する需要と供給を一致させるような Y と i の組み合わせを表す (LM 曲線の形状は右上がり)。

• 貨幣市場の需給一致式:

貨幣供給(M) = 貨幣需要(L)

貨幣需要:所得が増えれば増加し, 金利が下がれば増加する (Y の増加関数であり i の減少関数, $L(Y,i)$)。

• LM 曲線の形状が右上がりとなる理由:

いま需給が一致した状態 (LM 曲線上の1点) から金利 i が上昇すると, 貨幣を保有することで失われる利子収入 (機会費用) が増加するので貨幣に対する需要が減少する, つまり供給が需要を上回る状態になる (超過供給)。このとき需給の一致を回復するには, Y が増加する必要がある (Y が増加すると, 取引に必要となる貨幣需要が増加するので, 超過供給が解消される)。以上の結果, i が上昇し Y も増加して, 新たな需給一致が実現するので, LM 曲線は右上がりとなる。

• LM 曲線のシフト

たとえば金融緩和により貨幣供給が増えると, LM 曲線は右にシフトする。

図 2.2 金融政策の効果

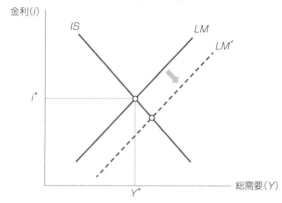

インフレ率はゼロ％です。したがって，金利 i は名目金利でありますが，物価の変動を考慮した「実質的な金利（実質金利）」でもあります。名目金利と実質金利との関係は，「フィッシャー方程式」と呼ばれる関係式で説明されます（「Box 名目金利と実質金利の関係：『フィッシャー方程式』」）。

また，金利は 1 種類と仮定されます。後ほど事実上のゼロ金利の状況を検討しますが，その際には，モデルの金利（i）が短期金利なのか長期金利なのかを明確に区別して議論します。

この *IS–LM* モデルで金融政策の効果は，*LM* 曲線のシフトで議論されます（図 2.2）。金融緩和により貨幣の供給が増えると *LM* 曲線は右にシフトします。貨幣量が増えると貨幣市場は供給が需要を上回る状態（超過供給）になります。そこで需給一致を回復させるには，貨幣への需要が同じだけ増える必要があります。つまり金利が下がるか，財サービスの取引量に相当する総需要 Y が増えるか，その両方が起こる必要があります。

> **Box** 名目金利と実質金利の関係:「フィッシャー方程式」
>
> 名目金利と実質金利の関係は,
>
> 名目金利＝実質金利＋予想インフレ率　　(2.1)
>
> という関係式(「フィッシャー方程式」と呼ばれる)に基づいて理解できます。すなわち,名目金利から予想される物価の変動を差し引けば,実質的な金利が求められます。
>
> (2.1)式のフィッシャー方程式の関係より,本章では当面,名目金利は実質金利と一致すると仮定して議論を進めます。なおゼロ％と仮定されている予想インフレ率が,何らかの外生的な要因で変化する状況は,後ほど検討します。金利(債券利回り)の種類は1種類と仮定されています。

いま述べたことは LM 曲線上の各点で起こる必要があるので,その結果,貨幣市場の均衡を回復した新しい LM 曲線は,元の位置よりも右下方にシフトすることになります。

LM 曲線が右にシフトすると,両曲線の交点は IS 曲線に沿って,右下方向へ移動し,金利が低下し,総需要が拡大することになります。その際に起こっている金融政策の効果波及メカニズムは,「金利経路」によるものです。すなわち,基本的な IS–LM 分析では,金融緩和がもたらす総需要への効果は,金利低下によって企業が設備投資を増やすというメカニズムにより導かれます。株価や為替レートを通じた波及経路は,基本モデルには明示的に含まれていないので,後ほど議論します。

以上は,標準的な設定のもとでの議論でした。次に,金利が

事実上ゼロ％まで低下した経済での金融政策の効果を検討しましょう。

事実上ゼロ金利の経済における金融緩和の効果

本小節では事実上のゼロ金利の経済を分析するため,金利を短期の政策金利(日本ではコールレート)とみなして議論を進めます。

金利が事実上ゼロ％にまで低下している状況を IS–LM モデルで例示すると,図2.3の交点 B(点線で示されている IS, LM 曲線の交点)のように表されます。

当初,金利がプラス領域にあるような正常な経済(図2.3の交点 A もしくは図2.1)から,事実上のゼロ金利経済(交点 B)に陥るのには,いくつかの理由が考えられます。

1つのメカニズムは総需要の低迷です。たとえば企業の設備投資の低迷が続いて,図2.3のように IS 曲線が左シフトを続

図 2.3　IS–LM モデルにおける事実上のゼロ金利

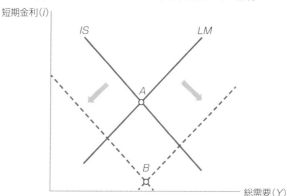

けると，総需要は減少し，金利が低下します。金融危機が起こり，危機前に蓄積されていた過剰設備・過剰債務の調整（「バランスシート調整」もしくは「デレバレッジ」と呼ばれます）の結果，設備投資の減速が続くでしょう。家計部門においても，たとえば不動産バブルの崩壊などで家計のバランスシートが悪化すれば，耐久消費財などの購入を控えるなどして，消費支出は減速するでしょう。こうした需要の低迷が続けば，IS 曲線の下方シフトが続くことになり，その結果，金利は低下します。

　もう1つのメカニズムは金融緩和です。上記のような景気の低迷に対応して，中央銀行は金融緩和を強化するでしょう。貨幣供給の増加によって LM 曲線は右にシフトし，金利は低下します。上記でみた需要の低迷（IS 曲線の下方シフト）と金融緩和（LM 曲線の下方シフト）が重なれば，金利は大幅に低下することになります（図2.3で，IS 曲線，LM 曲線両方の下方シフト）。

　では，金利がゼロ％近くまで低下したもとで，さらに金融緩和を行うと何が起こるでしょうか。貨幣供給の増大によって，貨幣市場では供給が増えますが，わずかの金利低下によって同時に貨幣に対する需要も大きく増大している状況が考えられます（図2.4）。実際には，1章の図1.5で示したようにコールレートが事実上のゼロ金利に到達してから，日銀当座預金の供給がさらに増える状況に相当します。貨幣供給の増加によって，金利がごくわずかに低下する，あるいはほとんど動かずに，貨幣への需要がほぼ同額だけ増えるのであれば，その結果，LM 曲線はほとんど動きません。つまり図2.4の状態で貨幣供給を増やしても，LM 曲線の右シフトはほとんど起こらないことを意味します。

図 2.4 貨幣需要,貨幣供給と事実上のゼロ金利

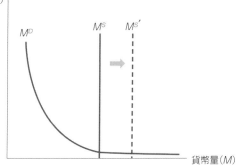

　LM 曲線が事実上動かなければ,経済へ影響を及ぼすことはできません。この *IS–LM* フレームワークにおいて,金利がほぼゼロ％まで低下して,さらに貨幣供給を増やす——日銀当座預金を拡大する——ことで支出を刺激する効果はほとんど生じない,図2.3で考えると経済は *B* 点からほとんど動かない,これが *IS–LM* モデルに基づいた,事実上のゼロ金利下での金融緩和政策の効果になります。

　なお事実上のゼロ金利,もしくは金利が何らかの下限水準に到達してそれ以上金利は下がらない状況を描写する言葉として,「流動性のわな」という用語が知られています。これは,もともとケインズが1930年代の大不況のメカニズムを議論する際に使用した概念ですが,ケインズは貨幣と長期債との資産選択を仮定するもとで長期金利に正の下限がある状況を議論しました。本書では,ケインズが提唱した流動性のわなを,「伝統的な流動性のわな」と呼んで,短期金利が事実上ゼロ金利にある現在の状況とは区別して考えます。ケインズの流動性のわなに

ついては2節でより詳しく説明します。

株価を通じた効果

　前小節では，短期金利がゼロ％近くまで低下したもとで，貨幣供給量を増やしても *LM* 曲線はほとんどシフトしない状況を説明しました。しかし，この基本的な *IS–LM* モデルで想定されていないメカニズムを追加考慮すれば，別の効果を議論することができます。

　その1つが，株価を通じた効果です。株価への影響は，*IS–LM* モデルの前提では明示的に議論できません。この理論フレームワークで想定されている人々の資産選択行動は，貨幣を持つか債券（たとえば国債）を持つかという2つの資産間の選択に限定されています。しかし現実には，株式や外国資産など別の資産へも投資可能です。実際，家計や企業の資産は，年金基金や資産運用会社などさまざまなルートを通じて多様な資産に運用されています。そうしたより一般的な資産市場全体での資産選択行動を考えると，中央銀行が国債を購入して貨幣供給を増やすと，その影響は，貨幣市場と債券市場の需給に影響を及ぼす（そして金利に影響を及ぼす）だけにとどまりません。債券市場の需給が変化して金利が変化すると，たとえば株式市場の需給にも影響を与え，その結果，株価にも影響を及ぼすことになります。そして，そうしたメカニズムはたとえば政策金利がゼロ％近くであっても機能する可能性があるのです。

　その具体的なメカニズムは，後ほど節を改めて議論します（トービン／マネタリストの資産市場の一般均衡モデル）。ここでは「国債買入れを伴う貨幣供給の増加が，株価の上昇をもたら

す」という結果が成立すると仮定して,議論を進めます。

　もし金融緩和（貨幣供給の増加）が株価上昇をもたらすとすれば，たとえ LM 曲線がほとんどシフトしなくても，総需要が拡大する，つまり IS 曲線が右シフトする可能性が考えられます。

　ここで株価上昇による総需要の拡大は，次の2つの経路を通じて起こりうると考えられます。

　1つめは資産効果による消費の増加です。株価などの資産価格の増加は，家計部門全体の純資産を増やします。IS–LM モデルにおける消費支出は，単純な消費関数を仮定しており今期の所得にしか依存しませんが，家計は，より一般には，単に今期の所得だけではなく，生涯かけて獲得しうるリソースの合計——つまり生涯賃金（「人的資本」）と実物資産そして金融資産の合計，「恒常所得（permanent income）」とも呼ばれます——に依存して消費を決定すると考えられます。こうした理論メカニズムに従えば，株価上昇による純資産の増加は，家計の恒常所得を増やし，消費支出を増やすことになります。

　株価が総需要に影響を及ぼす2つめの経路は，企業の設備投資の増加です。株価の変化を通じて企業の設備投資が変化するメカニズムは，「トービンの q 理論（Tobin, 1969）」として知られています。これはフォーマルには，マクロ経済学の中級レベルの理論——「調整費用を考慮した新古典派の投資理論」——として議論されますが，オリジナルの「トービンの q」理論のエッセンスは以下のようなものです。

　トービンは，企業の市場価値（株式時価総額）を企業の資本設備の再取得する費用で割った値を「q」と定義しました。す

なわち,

$$\text{「トービンの}q\text{」} = \frac{\text{企業の株式時価総額}}{\text{資本設備の再取得コスト}} \quad (2.2)$$

となります。この q が上昇すれば,企業の市場価値に比べてより安く企業の資本設備を購入することができます。つまり企業にとっては,株式発行でより多額の資金を入手できるので,より少額の株式発行でより多くの新しい資本設備の購入が可能となり,設備投資を増やすと考えられます。個々の企業は,さまざまな要因を総合的に考慮して設備投資を決定するわけですが,経済全体の底流にはいま述べたようなメカニズムが作用して,株価の上昇は設備投資と正の相関を持つ可能性が示唆されるのです。

　以上のような経路を通じて,株価上昇により消費や設備投資が拡大すれば,IS 曲線は右にシフトします。つまり金融緩和によって株価などの資産価格が上昇すれば,仮に LM 曲線がほとんど動かなくても IS 曲線の右シフトにつながり,景気を拡大する効果が期待されます(図2.5)。

　さらに IS 曲線の右シフトにより,金利への上昇圧力が高まる結果,金融緩和政策が従来の効果を発揮する余地が生まれます。図2.4の貨幣市場の需給を考えると,総需要の拡大により,経済全体の支出総額,つまり財サービスの取引量が増加することで,貨幣需要が高まります。貨幣需要曲線が上方にシフトすれば,短期金利はいく分か上昇するので,貨幣供給を増やすことで LM 曲線は右にシフトして,需要を刺激する余地が生み出されます(図2.5で金利上昇した後に,LM 曲線の右シフトが可能

図 2.5 非伝統的金融政策の効果
―資産価格(株価, 為替レート)を通じた IS 曲線のシフト―

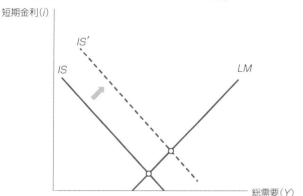

となる)。

為替レートを通じた効果

短期金利がゼロ%近くまで低下したもとで, 金融政策の効果を議論するもう1つのメカニズムは, 為替レートを通じた効果です。為替レートへの影響は, 株価の場合とまったく同様に議論されます。

具体的には, 貨幣と債券と外国資産の3資産を想定して, 資産市場の一般均衡モデルを利用します。詳しくは, 本章の5節で議論しますが, 最終的に, 仮に政策金利がゼロ%近くまで低下していたとしても, 貨幣市場や債券市場だけではなく外国資産市場への需給の変化を通じて, 為替レートの変化をもたらします。すなわち「国債買入れを伴う貨幣供給の増加が, 為替レートの上昇をもたらす」という結果を示すことができます。

為替レートの上昇とは、たとえばドルの対円レート（ドル／円レート）でいえば、ドル高・円安を意味します。

円安は、経済に対してマイナス面、プラス面の両方の影響が考えられます。マイナス面については、円安は、海外からの輸入品価格の上昇をもたらすため、コストの上昇と実質所得の減少につながります。

一方で、プラス面としては、円安はさまざまなルートを通じて需要の拡大につながる可能性があります。すなわち①貿易財の価格低下によって輸出が増加する、②外国人観光客が増加して国内サービスや消費財への支出（インバウンド需要）が拡大する、③企業収益が改善することで賃金や設備投資の改善をもたらす、などの効果です。プラス面とマイナス面のどちらが大きいかは優れて実証的な問題ですが、日本の場合、経験的にはプラス面の効果が上回ることが知られています。

プラス面がマイナス面を上回り、円安によって総需要の拡大が見込まれるとすると、先ほどの株価のケース（図2.5）と同じく、それは IS 曲線の右シフトとして表現できます。また金利が上昇するので、LM 曲線の右シフトの余地も発生します。こうしたメカニズムを通じて金融緩和による景気刺激効果が期待されます。

インフレ予想を通じた効果

仮に、株価や為替レートを通じた需要刺激効果があるとすれば、追加的にインフレ予想を通じたメカニズムも議論できます。最初に述べたとおり、IS–LM モデルは物価一定を仮定するため、明示的に物価への影響は分析できません。しかし、モデル

の与件(与えられた条件)としてインフレ予想が変化すると捉えるなら,その効果を議論することが可能です。

いま,短期金利がゼロ％近くまで低下したもとで,金融緩和が実施され,実際に株価や為替レートを通じた需要創出効果が発揮されると同時に,以下に述べるようなメカニズムから人々の予想インフレ率が高まったとしましょう。*IS–LM* モデルは短期の(1期間の)分析ツールなので,本来,動学的な分析は不得意ですが,たとえば金融緩和が将来にわたって継続されると公表されることで,需要創出効果が持続すると人々が予想する,その結果,与件である予想インフレ率が上昇する,と推論することは可能だと思われます。また,貨幣供給の伸び率を長期的・永続的に高めることで物価上昇率が高まるという「貨幣数量説」のロジックも,仮に経済の需給がバランスしている状態に近ければ,応用できるかもしれません[1]。

いま,人々の予想インフレ率が当初ゼロ％だとして,強力な金融緩和政策(貨幣供給伸び率の永続的な引き上げ)と上記にあげたようなメカニズムによって,予想インフレ率が1％へと高まったとしましょう。

このとき,(2.1)式で示したフィッシャー方程式の関係から,名目金利と実質金利には乖離が発生します。名目金利と実質金利が区別される状況では,設備投資は実質金利に,貨幣需要は

---

[1] 「貨幣数量説」のロジックとは,長期的には経済は完全雇用水準で均衡し,数量方程式 $MV=PY$(M:貨幣量,V:流通速度,P:物価水準,Y:実質産出量)の関係から(そして流通速度が一定の仮定のもと),貨幣量と物価水準は1対1の比例関係となるという考え方で,「古典派の2分法」とも呼ばれます。

図 2.6　非伝統的金融政策の効果
―予想インフレ率を通じた効果―

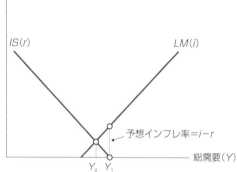

名目金利に依存すると考えます。たとえば，名目金利が0.5％上昇し，実質金利が0.5％低下するような状況を考えると，実質金利の低下によって設備投資そして総需要が増加し（つまり*IS*曲線上を右下に移動），名目金利の上昇により貨幣需要は減少しますが総需要（取引量）の増加によって貨幣需要が高まり貨幣市場のバランスは回復します（*LM*曲線上を右上に移動）。このような状況を図2.6で説明すれば，当初，*IS*, *LM*両曲線の交点にあった総需要水準Y_0が，予想インフレ率の上昇によって，両曲線をそれぞれ右に移動して，Y_1まで増加するとみられます。

2 ケインズが提唱した「伝統的な流動性のわな」[2]

「伝統的な流動性のわな」ではプラスの下限金利を想定する

では次に、ケインズが1930年代の大不況を説明する際に強調した「流動性のわな」の問題を考えましょう。1930年代当時、景気は大幅に落ち込み、大量の失業も発生しました。ケインズは処方箋として積極的な財政出動を提案したわけですが、同時に大不況の発生メカニズムについては、金利が十分低下した状況で起こりうる「流動性のわな」という概念を使って、特に消費の大不況を説明したのです。

そのロジックは次のように説明されます。「流動性のわな」とは、金利が十分低くなった状態で、貨幣供給をいくら増やしても、人々の貨幣保有意欲が非常に強く(「貨幣愛」とも呼ばれます)、旺盛な貨幣需要によって吸収されてしまう、その結果金利は低水準のままでほとんど変化せず、経済にも影響を与えない、という状況です。

これは貨幣需要関数で表現すると、図2.7に示されているように、金利にある下限水準 (i) があり、そこで貨幣需要関数が水平になる——金利が十分低下すると、ごくわずかな金利の低下に対して貨幣需要が無限に増えていく、言い換えると「貨幣需要の金利弾力性が無限大になる」——という状態です[3]。

---

2) 本節の議論は、小野 (1994)、宮尾 (2005, 5章) などを参照。
3) なおケインズのモデルでは安全資産である貨幣と、価格変動リスクのある債券 (長期国債を1期間保有する投資機会) との2つの資産の選択行動が想定されます。したがって、いま金利 (ここでは長期金利) が十

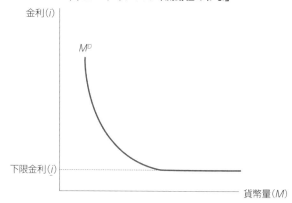

図 2.7 ケインズの「流動性のわな」

ケインズの「流動性のわな」は貨幣愛を強めて消費不況をもたらす

図 2.7 のような状態は，貨幣保有により人々が何らかの満足を得るという考え方——「貨幣の入った効用関数（money in the utility）モデル——に基づくと，次のように説明できます。

貨幣保有を 1 単位増やすことで得られる満足（貨幣保有の限界効用）は，普通であれば，他の財やサービスと同じように，保有量が増えれば，徐々に減少していくと考えられます。しかし，景気が大きく落ち込み，金利がある下限の水準で，誰もが債券を手放して貨幣を保有しようとする状況は，言い換えると，いくら貨幣保有を増やしても，貨幣保有の限界効用が減少しない，つまり人々はいくら多額の貨幣を保有しても飽き足らず，貨幣保有をさらに強めていく，まさに「貨幣愛」が強まる状況

分に低下すると，国債価格が十分に高いため，誰も長期国債を保有したがらず，代わりに皆が貨幣を需要する状況と考えられます。

です。

　一方，モノやサービスの消費1単位から得られる満足（限界効用）は，消費量を増やせば徐々に下がっていく——やがて「おなか一杯」になる——とすると，人々は自分のリソースを貨幣保有に際限なく振り向けるだけで，消費支出には回そうとしないでしょう。その結果，消費不況となります。

　こうしたケインズの主張する流動性のわなは，いわば「伝統的な流動性のわな」であり，その状況が現代のゼロ金利環境にどれだけ妥当するかは慎重な検討が必要です。

　まず，景気停滞もしくは減速のメカニズムですが，金融危機の急性期には人々の不安は強まり，低い金利水準のもとで貨幣需要は急激に増える，そして消費や景気が急速に悪化するという状況は考えられます。しかし急性期が過ぎ去って，慢性的な景気減速もしくは緩慢な回復局面において，貨幣愛がますます強まり消費不況が続くかどうかは疑わしいでしょう。このように考えると，伝統的な流動性のわなと現代のゼロ金利状態とは，背後のメカニズムが異なると推論されます。

3　ゼロ金利コミットメントの効果[4]

「テイラールール」に基づく政策反応関数

　これまでの議論では，金融緩和は国債買入れなどを伴う貨幣

---

[4]　本節の議論は，Reifschneider and Williams（2000），植田（2005），宮尾（2007）などを参照。

供給の増加と捉えてきました。しかし、金融政策に関する近年の学術研究や中央銀行当局による分析などでは、貨幣量や準備預金の供給の側面を捨象し、その代わりに政策金利を前面に打ち出して、それを景気やインフレ率で説明する式（「政策反応関数」）が多用されるようになりました。

政策反応関数を考察すると、その式を用いて、ゼロ金利を必要以上に長期に継続することを事前に約束する（コミットする）ことで緩和効果を追求する非伝統的金融政策を描写することができます。以下では、このゼロ金利コミットメントによる景気刺激効果──「時間軸効果」とも呼ばれる──を説明します[5]。

平常時の金融政策運営を表す最も典型的な政策反応関数は、提唱者のテイラー教授（John Taylor）の名にちなんで、「テイラールール」、あるいは「テイラールール型政策反応関数」と呼ばれます。それは、

$$政策金利 = 定数項 + \alpha \times [インフレ率 - 目標インフレ率] + \beta \times 需給ギャップ \qquad (2.3)$$

という式で表現されます（α, β は係数、需給ギャップ＝現実GDP－潜在GDP）。

この式から、たとえばインフレ率が目標水準に比べて下落する、または景気が潜在GDP水準に比べてより落ち込めば（需

---

[5] 本書で「ゼロ金利コミットメント」という用語は、1章で説明した「政策金利のフォワードガイダンス」と区別して用います。どちらもゼロ金利を将来にわたり続けることを表明するものですが、後述するように、前者は「将来利上げすべき時にもゼロ金利を維持することを事前に約束する」場合に特に使われます。

給ギャップが悪化すれば)、政策金利が引き下げられる(金融が緩和される)というものです。これはすなわち、金融政策は実体経済や物価動向(あるいはそれらの見通し)に歩調をあわせて運営されることを基本原則——もしくは柔軟に運営される「ルール」もしくは「フレームワーク」——とする考え方を表しています。

ゼロ金利に到達して以降の経済

この (2.3) 式に基づいて金融政策が運営されるもとで、経済に大きな負のショックが発生して——したがって景気の停滞とインフレ率の低下が続き——、政策金利が事実上ゼロ％まで低下したとします。そこでさらに経済が悪化すると、このテイラールール式から算出される望ましい政策金利水準はマイナスとなってしまいます。しかし名目の政策金利には、ゼロ％という事実上の下限が存在するため、それ以上金利を下げることは

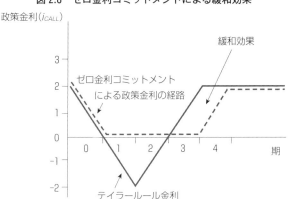

図 2.8 ゼロ金利コミットメントによる緩和効果

できません。ゼロ金利の水準では,望ましい水準を上回っているので,逆に金融引締め的となってしまいます。

このとき,将来,通常想定されるよりも長くゼロ金利を続けると事前に約束(コミット)することで,金融を緩和的にすることができます。このメカニズムを図2.8の具体例を使って示しましょう。

図2.8は,横軸に時間(期),縦軸に政策金利(コールレート i_{CALL},%)を取っています。そして実線は,(2.3)式から算出される金利(「テイラールール金利」),点線は実際に設定される金利水準を表します。この例では,当初政策金利は2%であったものが,経済が0期から1期にかけて悪化する結果,それに応じて算出される金利水準はマイナス2%まで低下します(2期の初め)。その後,経済は回復に向かい,テイラールール金利は4期には当初の水準(2%)まで戻ると想定します。ここで,1期から2期の間,つまりテイラールール金利がマイナスとなる期間,実際の政策金利は下限金利に到達し,ゼロ%に設定されます。ゼロ金利期間は,望ましい金利水準より高いため,金融が引締め的になっています。

3期には,景気や物価が復調して,(2.3)式から算出される金利はプラスに浮上してきます。しかし,ここで政策金利を引き上げず,そのままゼロ金利を維持すれば,テイラールール金利よりも低い金利を設定することになるので,金融緩和の効果を生み出すことができます。この緩和効果は将来発生しますが,中央銀行が,「将来利上げが望ましい時期になっても,ゼロ金利期間をより長く維持する」と事前にコミットすることができれば,その効果を前倒しで得ることができます。なぜならば,

ゼロ金利継続のコミットメントを公表することによって，将来の短期金利の予想経路が低下し，現在の長期金利が低下するからです。図2.8でいえば，ゼロ金利に到達した1期の初めの時点でゼロ金利コミットメントを公表し，それが人々に信頼されれば，景気回復の効果を「前借り」することができるのです。

こうしたコミットメントに類する政策は，実際，日本のゼロ金利政策で実行されました。すなわち，1999年4月，ゼロ金利政策を導入して間もないタイミングで，「デフレ懸念の払拭が展望できるような情勢になるまでゼロ金利政策を続ける」というガイダンスが総裁記者会見の場で表明されたのです（1章の付表1.1「3. 日本」参照）。この継続に関する条件が「将来利上げが必要な時期になってもゼロ金利を続ける」という形での約束だったかどうかは定かではありませんが，少なくとも，早すぎる利上げの可能性についてはかなりの程度抑制できたのではないかと思われます。

ゼロ金利コミットメントの問題

ただし問題もあります。仮に上記のようなゼロ金利コミットメントを事前に約束したとしても，将来景気が回復したときに，その約束を破棄する誘因が中央銀行には存在するからです。

これは「時間非整合性（time inconsistency）」と呼ばれる，経済学ではよく知られる問題です。コミットメントにより景気刺激効果を「前借り」し，実際に景気が順調に回復すれば，約束を破棄して金利を引き上げた方が，景気の過熱を抑えることができるからです。中央銀行にこのような誘因があることを民間部門が認識していれば，そのコミットメントは信頼されず，し

たがって長期金利も低下せず，意図した緩和効果も発揮できなくなります。

　したがって，中央銀行としては，約束を破棄しないように将来の自らの行動を事前に縛っておくための工夫や仕組み（コミットメント・デバイス）が重要となります。ただし，その場合には将来の政策運営の柔軟性を犠牲にするという別の問題もあるため，実際には，両者のバランスを図ることが必要となるでしょう。

　もう1点，留意事項としては，仮に長期金利の低下がみられたとしても，それが経済物価の見通しの悪化によるものならば，景気刺激効果を持たないという点です。経済見通しが悪化して，ゼロ金利期間がより長期化して（つまりテイラールール金利がより長期間マイナス領域にとどまって），長期金利が低下することは十分ありうることです。

　図 2.9 にはそのような経済を例示しています。図 2.8 に比べ

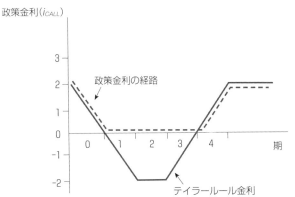

図 2.9　経済見通し悪化によるゼロ金利の長期化

て景気悪化が長引き、テイラールール金利がゼロから浮上するタイミングが1期遅れています。しかし、ゼロ金利期間が長期化する（そして長期金利が低下する）こと自体が緩和効果を生み出すわけではありません。図2.9では、利上げのタイミングはテイラールール金利がプラスに浮上する時期と同じであり、金融緩和効果は生じていません。緩和効果は、あくまでも、利上げが正当化される局面でもゼロ金利を続けることを事前に約束することで——かつその約束が信じられることで——初めて生み出されるという点に注意が必要です。

4 クルーグマンの「日本経済のわな」モデル[6]

わが国のゼロ金利を説明するクルーグマン・モデル

日本のゼロ金利状況と政策処方箋を議論する有用な理論モデルとして、クルーグマン（Paul Krugman）の「日本経済のわな（Japan's trap）」モデルがあります。日本が金融危機を経験し、ゼロ金利近くまで金利が低下するなかで、クルーグマンが当時提案した政策処方箋はとても注目を集めました。彼は、「中央銀行は無責任にふるまうことを約束して、たとえば4％のインフレ率を15年続けることにコミットせよ」と提言したのです。これは、どのような犠牲を払ってもインフレを引き起こせという「インフレ至上主義」のインフレ目標政策（inflation only tar-

---

[6] 本節の議論は、以下の文献を参照しています。Krugman（1998a, b）。宮尾（2006, 3章）。

get)に当たります。当時,このクルーグマン提案が契機となり,「インフレターゲット」をめぐって激しい論争が起こりました。

彼の政策提案は非常にセンセーショナルでしたが,一方でクルーグマンの理論モデル自体は示唆に富むもので,ゼロ金利経済と政策対応を理解するうえで大変有益なツールです。以下では,まずクルーグマンの「Japan's trap」モデルのエッセンスを説明します。

モデルの基本構造は,価格一定を仮定した *IS–LM* モデルと似通っています。異なる点は,2期間モデルを想定し,*IS* 曲線を家計の最適な行動から導き出している点,*LM* 曲線は金利に依存しないより単純な設定を仮定する点です。章末の付論 2.1 にはクルーグマン・モデルの概要が述べられています。

最終的に導出される「*IS* 曲線」は,次式のとおり,1期間の名目金利 i と実質産出量 y の関係として表現できます(導出は付論 2.1 を参照)。

$$i = \frac{p^* y^*}{py} \frac{1}{\beta} - 1 \tag{2.4}$$

ここで,今期の物価(p),将来の物価と生産量(p^*, y^*),割引因子(β)はそれぞれ所与の変数です。この「*IS* 曲線」は,漸近的に -1 に近づく双曲線として図 2.10 に描かれています。

貨幣の需給均衡式については,単純に,財サービスの取引(名目取引量=物価 p×生産量 y)だけに貨幣(M)が需要されると想定する「cash in advance」モデルを仮定します。つまり,

$$M = py \quad \text{もしくは} \quad \frac{M}{p} = y \tag{2.5}$$

図2.10 クルーグマン・モデルにおけるゼロ金利経済

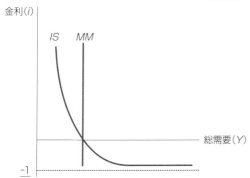

と表されます。金利には依存しないモデルなので、図2.10では垂直のMM線で表されます。

この図2.10には、クルーグマンの「Japan's trap」モデルにおけるゼロ金利経済が描かれています。右下がりのIS曲線と垂直のMM曲線がゼロ金利のところで交わっています。ここで貨幣供給Mをさらに増やしても、金利はゼロ金利下限のためこれ以上下がらず、経済への影響は何も発生しません。これ以上の金融緩和を行っても需要を刺激することはできない状態です。

クルーグマンのインフレ目標提案

ここでクルーグマンはゼロ金利の経済から抜け出す処方箋として、非常に極端なインフレ目標政策を提案しました。すなわち、

「中央銀行は4%のインフレ率を15年続けることにコミットせよ」

と提言したのです。これをモデルで考えると、（所与である）将

図2.11 ゼロ金利経済での金融緩和効果

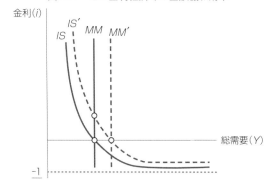

来の物価p^*を大幅かつ永続的に引き上げろという提案に相当します。これにより，(2.4) 式の右辺第1項の分子が上昇するので，IS曲線は右上方にシフトします（ISからIS'へシフト）。金利に上昇圧力がかかれば，金融緩和の余地が生まれるので，Mを増やすことで総需要yは増大します（MMからMM'へシフトし，yが増大）。いま述べたIS曲線とMM曲線のシフトの様子は，図2.11に例示されています。

以上が，クルーグマンによるインフレ目標提案の理論メカニズムです。ゼロ金利のもとで，何が何でも高インフレを起こせという提案は，実質金利をマイナス領域に低下させて，つまり金利経路を復活させて，需要を刺激せよという提案にほかなりません。それはまた，4章で詳しく論じるように，どのような犠牲を払っても高いインフレ目標の達成を目指す「厳密なルールとしてのインフレ目標政策」あるいは「インフレ・オンリー（至上主義）・ターゲット」と解釈できます。実質金利を引き下

げて，需要を創出する（IS曲線を右シフトさせる）メカニズムは，図2.6で示したとおり，標準的なIS–LMモデルでも議論することができます。ただ，クルーグマン・モデルを用いると，それはマイナスの実質金利によってもたらされる効果であることがわかります。

クルーグマン提案が持つ意味合いについて，1点補足します。将来の物価 p^* を強引に引き上げ，実質金利をマイナスにまで引き下げて今期の総需要 y を刺激することは，来期の産出水準が変わらなければ，産出量が縮小するマイナス成長の経済であることを意味します。(2.4) 式を変形すると，

$$\frac{1+i}{p^*/p} = \frac{y^*}{y}\frac{1}{\beta} \tag{2.6}$$

が得られます。この式で，ゼロ金利のもとで p^* を引き上げ，たとえば4％インフレが発生すると，左辺はマイナス4％の実質金利となります。一方，右辺は，この経済の実質成長率にほぼ相当し，y^* が所与のもとで y が増大します（割引因子 β は1未満で，通常0.99など1に非常に近い値と仮定されます）。

つまり，実質金利がマイナス4％であると，(2.6) 式から整合的な実質成長率はマイナス4％以上という大きく縮小する経済を意味することになります。実質金利を深いマイナスにして金融緩和による金利経路を復活させても，それが深いマイナス成長の経済をもたらすのであれば，その政策提案は非常に悲観的な将来を意味することがわかります。

クルーグマン・モデルに基づく別の処方箋：構造改革

では，クルーグマンの理論モデルから別の政策処方箋はないのでしょうか。

(2.4) 式を再び見ると，右辺第 1 項の分子にある将来の生産 y^* を引き上げることができれば，同じく IS 曲線を上方にシフトさせ，ゼロ金利から脱却することができます。そこで金融緩和を強化して M を増やせば，図 2.10 で示したとおり，上記のインフレ目標提案とまったく同じメカニズムで，現在の総需要 y を高めることができるのです。

この「y^* を引き上げる政策」とは，すなわち，日本経済の成長力を高めるためのすべての取組み——政府の成長戦略や規制緩和，民間企業の構造転換など——にほかなりません。y^* を引き上げることができれば，(2.6) 式から，現在の総需要 y を高めるとともに将来の産出 y^* も高めるため，実質金利や成長率はマイナスにならず，不変です。

このように政府・民間部門による構造改革や成長力強化の取組みが進捗するもとで，たとえゼロ金利経済であっても金融緩和（M の増加）の効果が発揮されるのです。金融緩和単独で極端な高インフレを起こして需要を増やすのではなく，経済のファンダメンタルズが改善するもとで金融緩和を強化する（M を増やす）ことにより，より望ましい経済効果を発揮することが理解できるでしょう。

「クルーグマンのインフレ目標提案」は非常に極端であり，大きな論争を巻き起こしました。しかし，「クルーグマン・モデル」自体は示唆に富む，そして代替的な政策処方箋も議論できる，有益な理論フレームワークであることがおわかりいただ

けるかと思います。

5 トービン／マネタリストの資産市場一般均衡モデル[7]

3つの資産に拡張して資産選択を分析する

本章で検討する最後の理論フレームワークとして,「資産市場の一般均衡モデル」を説明します。現代の非伝統的金融政策の波及経路として,株価や為替レートといった資産市場での反応(つまり資産価格経路)を分析することは重要です。

それは,金利を中心とした伝統的な波及経路を補完する役割を担います。*IS–LM* モデルでの資産選択は2種類の金融資産——貨幣か債券か——に限られていました。また,後ほど6章で詳しく議論しますが,金利と株価の関係を分析する代表的な株価決定モデル(「裁定関係に基づく現在割引価値モデル」)でも,国債と株式という2つの資産が仮定されます(付論6.1を参照)。それをたとえば3資産——貨幣,国債(具体的には長期国債),株式——に拡張して,より現実的な資産選択行動を容認するもとで,中央銀行による長期国債買入れがもたらす金利や株価への影響を分析することができます。

ではモデルの設定から説明しましょう。典型的な設定として,貨幣,国債,株式からなる3資産モデルを考えます。各資産への需要は,それ自身の収益率の増加関数(その資産自身の収益

---

[7] 本節の議論は,Tobin (1969), Meltzer (1995), 藪下 (2009), 本多 (2014) などを参照しています。

率が高まれば需要は増える）と仮定します。同じことですが，収益率を価格に置き換えると，各資産への需要は，それ自身の価格の減少関数（その資産の価格が下がれば需要は増える）と仮定します。なぜなら資産の価格と収益率とは反対方向に動く関係にあるからです。

以上の仮定のもとで，国債への需要は国債利回り（長期金利 i_B）の増加関数，株式への需要は株価（p_K）の減少関数と想定します。なお貨幣はマネタリーベース（現金プラス準備預金）とし，その収益率は一定（ここではゼロ）と仮定します[8]。したがって，この3資産モデルの枠組みで決定される収益率あるいは価格は，国債利回りと株価の2つとなります。

さらに，各資産の需要関数について，仮定を追加します。各資産への需要は，他の資産の収益率の減少関数（他の資産の価格の増加関数）と想定します。この仮定のもと，国債への需要は株価の増加関数，株式への需要は国債利回りの減少関数となります。また貨幣に対する需要は，国債利回りの減少関数であり，かつ株価の増加関数となります。

以上述べた資産需要と収益率あるいは価格との関係は，「粗代替（gross substitute）の仮定」と呼ばれます。「代替（substitution）」とは，経済学で使われる専門用語の1つですが，2つの財の相対的な価格が変化すれば，それぞれの需要も変化するという性質を表すときに使われます（たとえば，りんごとみかんの

---

[8] ここで貨幣の収益率が一定であることが重要なポイントです。仮に準備預金（日銀当座預金）の一部にプラスまたはマイナスの利息が付与される場合でも，それが政策的に所与，つまり一定である限り，以下の分析は成り立ちます。

2財を考えると，りんごの価格が上昇すれば，りんごの需要が減少し，みかんの需要は増加する，という性質を表します)。

資産市場の需給一致の関係

各資産需要の粗代替の仮定のもとで，それぞれの需要関数は次のように表されます。

$$貨幣への需要: M^D = M^D(\bar{i_B}, \overset{+}{p_K})$$
$$国債への需要: B^D = B^D(\overset{+}{i_B}, \overset{+}{p_K})$$
$$株式への需要: K^D = K^D(\bar{i_B}, \bar{p_K})$$

ここでたとえば，$M^D = M^D(i_B, p_K)$ は，貨幣需要を表しており，カッコの上にある符号は，それぞれの要因が各資産需要の増加関数（＋）として入るか減少関数（－）として入るかを表しています。

一方，各資産への供給は，M^S, B^S, $p_K K^S$ と表されます。その結果，需要から供給を差し引いた値は超過需要と定義されるので，各資産市場の需給均衡「需要＝供給」を表す条件式は，「超過需要＝0」という式で表現されます。

$$貨幣市場の需給均衡式: MM(\bar{i_B}, \overset{+}{p_K}) = M^D(\bar{i_B}, \overset{+}{p_K}) - M^S = 0$$
$$国債市場の需給均衡式: BB(\overset{+}{i_B}, \overset{+}{p_K}) = B^D(\overset{+}{i_B}, \overset{+}{p_K}) - B^S = 0$$
$$株式市場の需給均衡式: KK(\bar{i_B}, \bar{p_K}) = K^D(\bar{i_B}, \bar{p_K}) - p_K K^S = 0$$

以上の3つの資産市場の同時均衡を分析するのが，資産市場の一般均衡モデルの典型的なフレームワークです。

ここで3つの超過需要関数が定義されていますが，実際にはそのうちの2つを分析することで十分です。なぜなら，この経

済では資産は全部で3つと仮定されており、2資産の需給が均衡すれば、もう1つの資産の需給も均衡するからです（こうした法則は「ワルラス法則」と呼ばれます）。したがって3資産モデルでは、2つの資産の需給均衡式に基づいて、2つの収益率・資産価格の決定が議論されます。

長期金利と株価の同時決定

では具体的な分析に進みましょう。ここでは貨幣と国債の需給均衡式（$MM=0$ と $BB=0$）を使って、長期金利と株価の決定を分析します。

図2.12には、貨幣市場の需給一致をもたらす長期金利と株価の関係（MM曲線）と国債市場の需給一致をもたらす長期金利と株価の関係（BB曲線）を表しています。

MM曲線が右上がりになるのは、貨幣需要が長期金利の減少関数、株価の増加関数であることから導かれます（金利が下

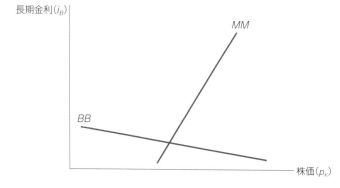

図2.12 資産市場の一般均衡モデル
―（貨幣，国債，株式）3資産モデル―

がると貨幣需要が増加するので,需給一致を回復するには株価が下がる必要がある)。同様に,BB 曲線が右下がりになるのも,国債需要が金利の増加関数,株価の増加関数であることから導かれます(金利が上がると国債需要が増加するので,需給一致を回復するには株価が下がる必要がある)。

各曲線の傾きについては,BB 曲線の傾きが MM 曲線よりも緩やかであると仮定しています。これは,国債需要の金利感応度は,それ自身の収益率に対する反応度であるため,他の資産需要における反応度——貨幣需要や株式需要の金利感応度——よりも高い,との想定に基づきます。

この MM 曲線と BB 曲線の交点で,3つの資産市場がすべて均衡するような長期金利と株価が決定されます。ここで,外生的な与件としてモデルの外から与えられている貨幣供給 M^S や国債供給 B^S が変化すると,それぞれ需給関係が変化するので両曲線がシフトし,均衡する長期金利や株価が変化します。

国債買入れ政策により長期金利は低下し株価は上昇する

以上で,金融政策の効果を分析する準備が整いました。ここで中央銀行による国債買入れ(「長期国債買いオペ」)の効果を考えましょう。

国債買入れは,中央銀行が市中にある国債を買い取り,貨幣を供給するので,国債供給 B^S が減少し,マネタリーベース M^S が増加します。その結果,BB 曲線は左下方向にシフトし,MM 曲線は右下方向にシフトします[9]。

---

9) BB 曲線,MM 曲線がシフトするメカニズムは次のとおりです。まず

図2.13 国債買入れ政策の長期金利と株価への効果
―(貨幣,国債,株式) 3資産モデル―

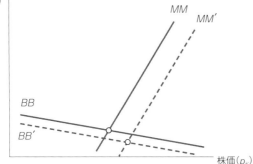

　両曲線のシフトの結果,最終的に,長期金利は低下し,株価は上昇します。株価への効果は,両曲線の傾きに依存しますが,図2.13に描いているようなBB曲線の傾きがより緩やかな想定のもとでは,株価は上昇することになります。図2.13にあるように,国債買入れ政策は,長期金利を押し下げ,株価を押し上げる効果を発揮しうるのです。

　国債市場では,国債買入れによってB^Sが減少し,超過需要となるので,需給均衡を回復する(再びBB曲線上に位置する)には,金利が下がるか,株価が下がるか,その両方が必要です。したがって,BB曲線は左下方にシフトします。
　一方,貨幣市場では,国債買入れによってM^Sは増加し,超過供給となるので,需給均衡を回復する(再びMM曲線上に位置する)には,金利が下がるか,株価が上がるか,その両方が必要です。したがってMM曲線は右下方にシフトします。

長期金利がゼロ％近くでも国債買入れ政策は効果を発揮しうる

国債買い入れ政策は，長期金利がゼロ％近くまで低下したもとでも，引き続き効果を発揮しうると考えられます。

図2.14には，（所与の株価水準のもとで）貨幣需要と長期金利の関係――通常の右下がりの関係――を例示しています。ここでは仮に長期債利回りがほぼゼロ％まで低下しても，貨幣と長期国債は完全に代替的な（つまり同種類で区別がつかないような）資産とは認識されず，利回りと資産需要の粗代替の関係が維持されています。右下がりの傾きが維持される限り，貨幣供給が拡大すると長期金利が下がり，MM 曲線の右シフトが可能となります。同じロジックで，国債供給が減少すると BB 曲線の左シフトが可能となります。

長期金利がマイナス領域に入った場合には，国債と貨幣の代替性はより強まり，金利の低下に対して貨幣需要はより大きく増加する（そして国債への需要はより大きく減少する）ことが考えられます。その場合，図2.14の点線部分のように，右下が

図 2.14 長期金利と貨幣需要の関係

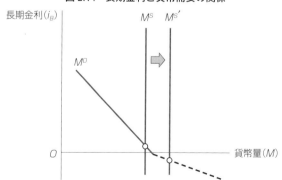

りの傾きがより緩やかになると想定されます。その結果，図2.15のように，*MM*曲線，*BB*曲線の傾きもマイナス金利の領域においてより緩やかになるでしょう。

しかしそこでも重要なのは，水平ではなく右下がりの貨幣需要の関係が維持されているという点です。実際，6章で詳しく説明するように，マイナス金利政策を導入して以降，中長期債の利回りはマイナス領域へと落ち込みました。それにもかかわらず，わが国の国債は引き続き需要され，保有意欲は決して消滅していません（金融機関による担保ニーズ，外国人投資家による日本国債への需要，日本銀行への売却を念頭に置いた国債購入など）。このような想定が成り立つ限り，図2.13で示した政策効果のメカニズムは有効です。すなわち，図2.15のような*MM*曲線，*BB*曲線のもと，長期金利がゼロ％に近くても，国債買入れ政策によって*MM*曲線，*BB*曲線はそれぞれシフトして，長期金利は下落し株価は上昇すると考えられるのです。

図2.15 長期金利がゼロ％に近い場合の資産市場一般均衡モデル
―（貨幣，国債，株式）3資産モデル―

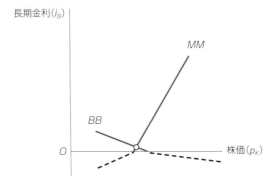

為替レートへの効果：外国証券を含めた 3 資産モデル

　国債買入れ政策の為替レートへの効果は，株式の代わりに外国証券を含めた3資産モデル——貨幣，国債，外国証券——を使って，同様に分析できます。

　外国証券として，いま米国債を考えます。米国債の利回りを i^*，ドル／円為替レートを e，米国債の満期時の予想為替レートを $\tilde{e}$ とすると，米国債投資の収益率は $(1+i^*)(\tilde{e}/e)$ となります[10]。米国債の利回りと予想為替レートは与えられており一定とすると，ドル／円レート e が上昇する（ドル高円安になる）と，米国債の収益率は下がります。すると，先と同じく粗代替の仮定を置くと，為替レートの上昇によって，米国債需要は減少し，他の資産である貨幣と国債の需要は上昇することになります。米国債の供給を F^S とすると，円換算した供給額は eF^S となります。

　以上から，貨幣，国債，外国証券の需給均衡式は，次のように表現できるでしょう。

貨幣市場の需給均衡式：$MM(\overset{-}{i_B}, \overset{+}{e}) = M^D(\overset{-}{i_B}, \overset{+}{e}) - M^S = 0$
国債市場の需給均衡式：$BB(\overset{+}{i_B}, \overset{+}{e}) = B^D(\overset{+}{i_B}, \overset{+}{e}) - B^S = 0$
外国証券市場の需給均衡式：$FF(\overset{+}{i_B}, \overset{-}{e}) = F^D(\overset{+}{i_B}, \overset{-}{e}) - eF^S = 0$

　ここで，貨幣市場の需給均衡式（$MM=0$）と，国債市場の需

---

[10] いま1万円を米国債に投資すると考えると，①1万円をドルに換えて $(1/e)$ 万ドルを手にする，②それを米国債に投資して満期時に元利合計 $(1+i^*)(1/e)$ 万ドルを受け取る，③それを円に換えて $(1+i^*)(\tilde{e}/e)$ 万円を受け取ることになります。その結果，収益率は $(1+i^*)(\tilde{e}/e)$ となります。

図2.16 国債買入れ政策の長期金利と為替レートへの効果
—(貨幣，国債，外国証券) 3資産モデル—

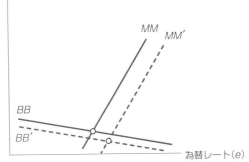

給均衡式（$BB=0$）は，先の株式を含む3資産モデルの場合と比べると，株価を為替レートに差し替えただけで，それ以外はまったく同様であることがわかります。図2.12，図2.13の横軸を為替レートに置き換えたグラフを使って，先とまったく同じ分析が可能です。

図2.16には，国債買入れ政策の長期金利と為替レートへの効果が例示されています。図2.13と同じく，国債買入れによって，BB曲線は左下方向にシフトし，MM曲線は右下方向にシフトします。その結果，長期金利は低下し，為替レートは上昇します（ドル高円安）。そしてこの効果は，先に議論したように，長期金利がゼロ％近くでも発揮されると考えられます。

第 2 章のポイント

- 非伝統的金融政策の効果に理論的なメカニズムが存在するかどうかは、政策の是非を論ずるうえで基本的な論点。
- 標準的な入門モデル（IS–LM モデル）、「流動性のわな」、ゼロ金利コミットメント、資産市場の一般均衡モデルなど、さまざまな理論フレームワークを使って検討した。
- IS–LM モデルに基づくと、短期金利が事実上ゼロ％のもとで貨幣供給量が増加しても、LM 曲線はほとんど動かない。非伝統的金融政策により株価や為替レート、インフレ予想が変化すれば IS 曲線がシフトして需要刺激効果を発揮する。
- ゼロ金利を必要以上に長く続けることに事前にコミットすると、景気回復の効果を「前借り」できる。ただし中央銀行には後になって約束を破棄する誘因があるため、将来の行動を縛っておくための事前の仕組みが必要となる。
- （貨幣、国債、株式）など 3 資産を考慮した資産市場の一般均衡モデルを用いると、国債買入れ政策は長期金利を低下させ、株価あるいは為替レートを押し上げる。長期金利がゼロ％に近くても（マイナスでも）、利回りと資産需要に関する標準的な設定が成り立つ限り、引き続き効果を発揮しうる。
- さまざまなフレームワークを検討した結果、非伝統的金融政策の効果を示す理論メカニズムは、いくつかのモデルから確かに示すことができる。

付論 2.1　クルーグマンの「日本経済のわな」モデルの概要

クルーグマンの Japan's trap モデルの基本構造は，価格一定を仮定した IS–LM モデルと似通っています。異なる点は，2期間を想定する点，IS 曲線を家計の最適な行動——動学的な効用最大化の必要条件となる「消費のオイラー方程式」——から導き出している点，LM 曲線は金利に依存しないより単純な設定——財の取引のためだけに貨幣は需要される cash-in-advance モデル——を仮定する点です。

まず IS 曲線を導く「消費のオイラー方程式」とは，

今期の消費1単位から得られる満足（限界効用 $u'(c_t)$）

$$= \frac{1+名目金利}{1+インフレ率} \beta \cdot \begin{array}{l} 来期の消費1単位から得られる \\ 満足（限界効用 $u'(c_{t+1})$） \end{array}$$

(A 2.1)

で表されます（β は定数で，来期の効用を現在に割り引く際の割引因子の値）。

この式は，マクロ経済学の動学的な（つまり異時点間の）関係を表す式で，「最適成長モデル」や「動学的な一般均衡モデル」など上級の理論フレームワークにも登場する基本的な関係式です。この式が，家計の効用を最大化するために満たされなければならない必要条件式であることは，直感的には，次のように解釈することができます。

左辺は，今期1単位消費するのを諦めて失う満足（限界効用 $u'(c_t)$）を表し，右辺は，その1単位を貯蓄し——実質的な利子収入を得て——それを来期の消費に回して得られる満足（その現在割引価値）を表し，その両者が等しくなるように今期の消費 c_t と来期

の消費 c_{t+1} を決定することが家計にとって最適である（生涯の消費から得られる満足が最大となる）ことを意味しています。

もし，左辺と右辺が等しくなければ，最適な条件を満たしておらず，消費計画を再調整することで，より高い満足を得る余地が残されています。たとえば左辺＜右辺ならば，消費をもう少し今期から来期へ移すことで，満足を高めることができます。

ここで今期消費を減らすと限界効用 $u'(c_t)$ は増加し，来期消費を増やすと $u'(c_{t+1})$ は減少する——効用関数の傾きは消費の増加とともに徐々に減少する——という性質を想定するので，今期から来期へ消費を移動することで左辺は上昇し，右辺は下落します。この調整は「左辺＝右辺」になるまで続き，（A 2.1）式が満たされます。

以上の考察から，消費のオイラー方程式が満たされることが，人々の満足を最大化するために必要であることがわかるでしょう。

（A 2.1）式を満たすような消費計画は，具体的な効用関数を仮定することで，議論がより明瞭となり，IS曲線との対応もみえてきます。いま効用関数として，対数関数 $u(c) = \log(c)$ を仮定します。すると，限界効用は $u'(c) = 1/c$ となるので，（A 2.1）式の表現は，

$$\frac{1}{c} = \frac{1+i}{p^*/p} \frac{\beta}{c^*} \qquad (\text{A} 2.2)$$

と表されます。ここでは時期を表す「t」，「$t+1$」の添え字は省略して，今期（無印）と来期（＊印）という2期間のモデルに単純化されています。ここでIS–LMモデルと同様に，物価が一定で（現在の物価 p は所与），総需要（ここでは設備投資が省略されているので消費 c）が総供給（y）を決定すると考えます（$c = y$）。

このとき，（A 2.2）式を変形すると，名目金利 i と実質産出量 y の関係を表す「IS曲線」として，次のように表現できます。

$$i = \frac{p^* y^*}{py} \frac{1}{\beta} - 1 \tag{2.4}$$

ここで，現在の物価（p），将来の物価と生産量（p^*, y^*），割引因子（β）は所与の変数です。この「IS 曲線」は，漸近的に -1 に近づく双曲線として図 2.10 に描かれています。

貨幣の需給均衡式については，単純に，財サービスの取引（名目取引量＝物価 p ×生産量 y）だけに貨幣（M）が需要されると想定する「cash in advance」モデルを仮定します。つまり，

$$M = py \quad \text{もしくは} \quad \frac{M}{P} = y \tag{2.5}$$

と表されます。金利には依存しないモデルなので，図 2.10 では垂直の MM 線で表されます。

第3章

非伝統的金融政策の効果はあるのか(Ⅱ)
実証的な証拠

はじめに

　前章での理論メカニズムの考察に続き，本章では非伝統的金融政策の効果の実証的な証拠を検討します。前章の冒頭で，政策の効果に関して懐疑的な見方――「効果は限定的，逓減的」，「効き目のない偽薬（プラシーボ）」など――について紹介しましたが，そうした疑問に答えるためにも，理論的な考察とともに，実際の政策効果の大きさや持続性についてデータに基づき科学的・包括的に検証することが重要です。

　実際，わが国の非伝統的な金融政策は，量的・質的金融緩和の導入・拡充に続き，2016年1月からは，マイナス金利政策が新しく追加されました。そうした新しい試みを模索するにあたっても，それまでの大規模な資産買入れ政策にどのような効果があったのか実証的に分析し，エビデンスを積み重ねていくことは意義のあることと思われます。

　非伝統的金融政策の効果に関する実証研究には，大別すると，金融市場への効果――金利（国債利回り）や株価や為替レートなどの資産価格への影響――を分析するものと，最終的な景気や物価・インフレ率といったマクロ経済効果まで分析するものとがあります。前者の金融市場への効果に関する先行研究は

「イベントスタディ（数日間のごく短期の影響の分析）」を中心に研究が増えてきていますが，後者のマクロ経済効果を分析した研究は相対的にまだ少ない状況にあります。「政策の効果」といったときに，金融市場への影響にとどまらず，最終的なマクロ経済効果まで分析することがより望ましいことはいうまでもありません。

この点，日本の非伝統的金融政策の経験は先進国のなかで最も長く，マクロ経済効果を分析するための観測データも数多く利用できます。事実上のゼロ金利の状態になって20年以上が経過していますし，量的緩和や資産買入れなどのバランスシート政策も基本的に2001年から15年近く続いています。比較的長期間のデータが利用可能なので，この間の制度的な変更などを考慮することで，より信頼できる推計を行うことができます。そして，金利や資産価格といった金融市場への効果だけではなく，景気や物価上昇率への影響といったマクロ経済効果の検証が可能となります。

本章の分析は，やや専門的・技術的になりますが，政策効果を検証する定型化された計量分析アプローチ（「構造ベクトル自己回帰モデル」）に従って進めていきます[1]。GDPやインフレ率など主要なマクロ経済変数を分析モデルに含め，そこで推定モデル上で捉えられる「金融政策ショック（マネタリーベースの外生的な変化）」が，長期金利や資産価格といった金融環境変数とともに，最終的な景気や物価上昇率にどのような影響

---

1) 本章の実証分析は，現在作成中の筆者の研究（Miyao, 2016）に基づき，加筆・修正を加えています。

を及ぼすかを推定します。そして,特に最近の量的・質的金融緩和政策の効果については,2つの分析期間——量的・質的金融緩和が始まる以前の期間と,始まって以降の期間を含む全期間——を比較することで,その効果の検証を試みます。

　本章での分析結果をあらかじめ要約すると,次のとおりになります。2001年から2015年初めまでの日本のマクロ経済データを用いて検証した結果,マネタリーベースの増加は,長期金利の低下と資産価格の上昇——株価の上昇やドル／円為替レートの上昇（ドル高・円安）——を通じて,日本のGDPを持続的に引き上げ,また消費者物価上昇率にも持続的なプラスの効果をもたらすことが確認されました。また,量的・質的金融緩和以前の期間と全期間の結果を比較したところ,量的・質的金融緩和以降の期間を分析に加えることで,より明確なマクロ経済効果が得られました。量的・質的金融緩和がより大きく持続的な効果をもたらしたことが示唆されます。

　なお,いうまでもないことですが,本章で示される分析結果が,日本の非伝統的金融政策の効果に関して確定的な最終結果を表すというものではありません。今後のデータの蓄積によって,また潜在的に起こりうる経済構造の変化によって,実証的な評価は変わりうるものです。むしろ,ここでの検証は,シンプルかつ再現可能な科学的分析を示すことで,今後のより詳細な分析につながり実証結果が蓄積されていく,そして非伝統的金融政策の効果の全体像に少しでも近づく,そうした試みの1つとして位置づけられるものと考えます。

1 非伝統的金融政策の効果に関する先行研究

金融市場効果およびマクロ経済効果を検証した研究

では,非伝統的金融政策の効果に関する先行研究の紹介から始めましょう。

非伝統的な政策効果の実証研究として最も多くの研究が試みられているのは,資産買入れ政策の金融市場への効果です。特に米国の大規模資産買入れが,各証券の利回りのタームプレミアム,あるいはリスクプレミアム部分にどの程度の影響を及ぼしたのかといった研究が盛んに行われました。日本のデータを使った研究,あるいは先進各国のデータを使って金融市場効果を分析した研究も存在します[2]。

一方,数はそう多くありませんが,非伝統的金融政策のマクロ経済への効果を検証した研究もいくつか存在します。動学的一般均衡モデルをベースにして,金融市場の参加者が分断されている程度に着目した研究があります(分断の程度が大きい程債券利回りのタームプレミアム部分が影響を受けて経済に波及します)。あるいは伝統的な大規模計量モデルに基づいて,非伝統的金融政策によってもたらされる長期金利の変化がマクロ経済に与える効果を検証した研究などがあります[3]。

---

[2] 米国に関する研究は Gagnon et al.(2011), Hamilton and Wu(2012)など,日本に関しては Kimura and Small(2006), Ueda(2012)などがあります。先進各国のデータ使った研究については Rogers, Scotti and Wright(2014)を参照してください。

[3] 前者の研究には Chen, Cúrdia and Ferrero(2012),後者の研究には,

ただし，こうした分析アプローチに共通する基本的な問題は，ベースとなるモデル構造を推定する期間に伝統的な金融政策を実施していた時期が含まれているという点です。非伝統的金融政策が必要となるような典型的な経済では，金融危機後に発生する過剰設備や過剰債務などの調整により，伝統的な政策を行っていた時期と比べて経済構造が変化している可能性があります。そうした可能性は，上記のマクロモデルに基づくアプローチではうまく考慮されていないのが実情です。

マクロ経済効果を検証する時系列アプローチ

金融政策のマクロ経済効果を検証する別の分析アプローチとして，より小規模のモデル（少ない数の経済変数）を用いる時系列アプローチがあります。時系列アプローチの特徴は，主要なマクロ経済変数間の時間を通じた（つまり動学的な）相互依存関係を検証する際に，より少ない数の制約式を使うことで分析が可能になるという点です。

その制約式は，一般に「識別制約（identifying restrictions）」と呼ばれます。識別制約とは，当初推定されるモデル（誘導型モデル）を，経済学的な解釈が可能な構造モデルに変換する際に課せられる制約式のことです。その制約を課すことで，各式の誤差項が，金融政策ショックなどの構造的なショックとして「識別（identify）」されることになります。伝統的なマクロ計量モデルでは非常に数多くの識別制約が課されるのですが，時系

Chung et al.（2012），Engen, Laubach and Reifschneider（2015）などがあります。

列アプローチではシステム自体が小規模で比較的少数の制約式が仮定されます。その結果,分析者の恣意性がより少ない形で検証できるというメリットがあります。この分析アプローチは,一般に「構造ベクトル自己回帰モデル」と呼ばれます(詳しくは章末の付論3.1を参照)。

この分析アプローチでは,非伝統的金融政策の導入によって生じるであろう構造モデル全体の変化(レジームシフト)や時間とともに変化する係数(可変的なパラメター)などを分析に取り込むことができます。こうしたアプローチによる先行研究には,米国・英国に関する分析や日本に関する研究があります[4]。

比較的多くの国や経済,もしくは長い期間のデータが利用可能な場合には,資産買入れを主要な政策手段とする期間に限定して分析を行うことが可能となります。8カ国を対象に世界金融危機の急性期に限定して非伝統的金融政策の効果を検証した研究,日本における最初の量的緩和政策の6年間に焦点を絞った分析などがあります[5]。

量的・質的金融緩和に関する研究

量的・質的金融緩和に関する研究に目を転じると,主として

---

4) 米国・英国に関する分析はBaumeister and Benati (2013),日本に関する検証はKimura and Nakajima (2016), Hayashi and Koeda (2013) などがあります。

5) 前者はGambacorta, Hofmann and Peersman (2014),後者はHonda, Kuroki and Tachibana (2007), Shibamoto and Tachibana (2013), 宮尾 (2014, 付論) などの研究があります。

イベントスタディの手法に基づいた分析，金融政策を含む経済政策パッケージ全体に関する予備的な検証などがあります[6]。しかし，まだ導入されて日が浅いこともあり，本章の執筆時点（2016年5月）において，量的・質的金融緩和のマクロ経済効果に関する包括的な実証分析はまだ発表されていないように思われます。

　本章の分析は，構造ベクトル自己回帰モデルに基づき行われます。後ほど詳しく述べるように，日本銀行のバランスシート（あるいはマネタリーベース）は，2001年初めに量的緩和政策が導入されて以降今日まで，事実上の主要な政策手段としての役割を果たしてきたとみられます。そして，量的・質的金融緩和の効果については，2001年初めから量的・質的金融緩和が始まる前までの期間と，始まって以降の期間を含む全期間（2015年初めまで）を比較することで，その効果の検証を試みます。

2　計量分析のフレームワーク

シンプルな金融政策効果の分析:「構造ベクトル自己回帰モデル」

　非伝統的金融政策の効果を分析する計量分析のフレームワークとして，本章では，シンプルな「構造ベクトル自己回帰モデル」を用います。

　構造ベクトル自己回帰モデルとは，複数の経済変数の相互依

---

6) 前者については，Ueda (2013), Fukuda (2015) など，後者については，Hausman and Wieland (2014) などがあります。

存関係をシンプルな（主として各変数の過去の値に依存するような）連立方程式体系で描写し、各式の誤差項を「構造ショック」とみなします。金融政策を表す式でいえば、政策手段の変数（コールレートやマネタリーベースなどの操作目標）を説明する式を考えます。つまりその式は、現在もしくは過去の景気やインフレ率などのマクロ経済変数に内生的に反応する一種の「政策反応関数」と解釈され、そこから逸脱した動きが「外生的な金融政策ショック」と捉えられます。構造ベクトル自己回帰モデルでは、比較的少ない数の制約を課すことで金融政策ショックなどの構造ショックを「識別（identify）」し、マクロ経済変数へ及ぼす時間を通じた影響（「動学的な効果」）を推定します。

この分析で課される制約としては、金融政策を分析する際の定型的な手法の1つである「ブロック・リカーシブ制約」を用います（Christiano, Eichenbaum and Evans, 1999）。ブロック・リカーシブ制約に基づく識別アプローチでは、生産やインフレ率などの「実体経済部門」、「金融政策変数」、金利や資産価格などの「金融変数部門」の順番にブロックごとに変数が配置されます。そして、金融変数部門は実体経済部門に同じ時点間で影響を及ぼさないという制約などを課して、構造モデルが識別されることになります。

ベースとなるモデルは5つの変数で構成されます。産出量（実質GDP：y）、インフレ率（消費者物価指数〈除く食料・エネルギー〉の前年比インフレ率：π）、マネタリーベース（MB）、長期金利（10年物国債利回り：i_B）、そして株価（日経平均株価：p_K）です。これら5変数を説明する連立方程式システムを設定

し，上記の識別制約を課して，構造モデルを推定します。

　以上がベンチマークとなる5変数モデルですが，資産価格変数として株価の代わりに為替レート（名目実効為替レート：*FX*）を使った5変数モデルも検証します。金利とインフレ率を除くすべてのデータは対数を取って使用します。分析期間は2001年3月から2015年の3月までで，月次データを用います[7]。モデルで用いられるラグ次数は，情報量基準から3期と設定します。

　本分析の設定で重要なのは，マネタリーベースを説明する式の誤差項が非伝統的金融政策の外生的なショック（つまり「金融政策ショック」）を表すという点です。日本銀行は，2001年3月に量的緩和政策を開始して以来，ほぼ一貫して，非伝統的なバランスシート政策を実行してきました。最初の量的緩和政策における操作目標は日銀当座預金ですが，それはマネタリー

---

[7] データに関する詳細と出所は次のとおりです。なお，実証分析で使用するデータは，図3.1に示されています。
・産出量：季節調整済み実質GDP系列，四半期データを内挿により月次データに変換，出所は内閣府「国民経済計算」。
・インフレ率：消費者物価指数（除く食料・エネルギー）前年比上昇率，出所は総務省統計局。消費税増税の影響を含むため，分析では2014年4月以降を1とするダミー変数を追加。
・マネタリーベース：季節調整済み・準備率調整済み系列，出所は日本銀行。
・長期金利：10年物国債利回り，月平均値，出所はブルームバーグ。
・株価：日経平均株価指数，月平均値，出所はブルームバーグ。
・為替レート：名目実効為替レート，2010年＝100とする指数，出所は日本銀行。

ベースとほぼパラレルに動きます[8]。マネタリーベースは日銀当座預金と流通現金（銀行券＋硬貨）の合計で，現金は月々で大きく変動せず安定して推移する傾向にあります。

その後，量的緩和政策は 2006 年 3 月に終了し，2006 年 6 月から 2008 年の終わりにかけて，政策金利（コールレート）はゼロ％から引き上げられました。その間の潜在的な構造変化を考慮するため，分析ではこの期間に 1 を取るダミー変数を加えて推計を行っています。もっとも，その間のコールレートの水準は 0.25〜0.5％であり，事実上のゼロ金利の範囲内とみなすことが可能です。

実際，この間日本銀行はさまざまな資金供給を実施してきており，特に世界金融危機が発生して以降は，企業金融支援オペ，固定金利オペ，社債の買入れなどを実施しました。さらに 2010 年 10 月以降は，包括緩和政策における「資産買入れプログラム」において CP，社債，ETF，J-REIT といったさまざまな非伝統的な資産買入れを行っています。バランスシートはその後も拡大し，2013 年 4 月からは量的・質的金融緩和が導入され，マネタリーベースは正式な金融調節方針の操作目標となり，現在に至っています。

このような進展を概観した結果，2001 年以降，マネタリーベースは日本銀行の主要な政策変数とみなしてよいと判断されます。なお 2014 年 4 月以降は，消費税増税による外生的な影響を考慮するため，ダミー変数を追加しています。

---

[8] 1 章の「Box 中央銀行のバランスシートとマネタリーベース」も参照。

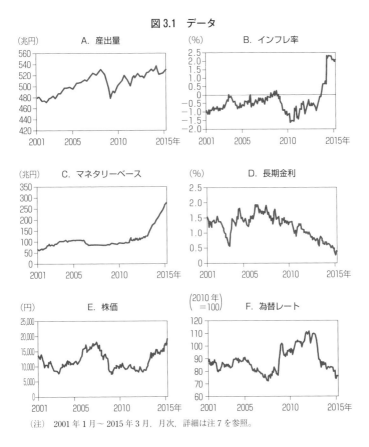

図 3.1 データ

(注) 2001 年 1 月～ 2015 年 3 月，月次，詳細は注 7 を参照．

量的・質的金融緩和政策の効果の検証

ベンチマークの分析に基づき，量的・質的金融緩和政策のマクロ経済効果は，2 つの推計期間を比較することで検証されます．1 つは，量的・質的金融緩和が実施される以前までの期間，もう 1 つは量的・質的金融緩和が始まって以降の時期を含む全

期間です。前者の期間の終期を決めるタイミングとしては，①2013年4月（量的・質的金融緩和の導入），②2013年1月（2％物価安定目標の導入），③2012年11月（衆議院解散）の3つを検討しました。

①は量的・質的金融緩和が導入されたタイミングなので，いわば当然の選択肢です。ただし，大規模な緩和政策が実施されるのは，それ以前から多くの市場関係者によって予想されていました。

②は2％物価安定目標が導入され，より高いインフレ率を目指すことが新しい政府と共同声明で共有された時期です。このタイミングで，大規模な緩和の必要性は強く意識されたと思われます。

③は衆議院が解散されたタイミングです。2012年11月に衆議院が解散されると，12月の総選挙で当時の野党である自民党が過半数を取って政権に復帰することが広く予想されていました。そして新しい政府は，より高いインフレ目標の採用と，金融緩和に対してより積極的な総裁・副総裁の任命を強く志向することが十分に予想されました。金融市場は，実際そうした政策レジームの変化が起こることを事前に織り込み，11月時点から急激に株高・円安が進行しました。

以上の3つの選択肢を検討し，本章の分析では，③の2012年11月をタイミングとして採用することとします。すなわち，2012年10月を終期とする期間を全期間と比較して，量的・質的金融緩和の効果を検討します。もし2つの期間で明らかな違いがあれば，それは量的・質的金融緩和の期間を含めた結果として生じた違いであり，大規模な資産買入れ政策がもたらした

追加的な効果と判断されます。なお，他の2つの時期（①と②）に基づいて同様の比較も行いましたが，以下の分析結果と質的には変わりはありませんでした。

金融政策ショックとは

　実証結果を説明する前に，本分析でその効果を検証する「金融政策ショック（本章ではマネタリーベース・ショック）」について，補足したいと思います。

　これは構造ベクトル自己回帰モデルに共通する留意点ですが，ここで議論する「金融政策ショック」とは，中央銀行が実際に決定する政策変更の有無と必ずしも対応するものではないという点です。あくまでも，この分析期間において推定される政策反応の関係を1つのベンチマークとして，そこから逸脱した政策変数の動きを「政策ショック」として捉えるのです。したがって，仮に中央銀行が何ら政策変更を行わなくても，他のマクロ経済変数の動きとの相対的な関係のなかで，金融政策ショックは起こりうるのです。

　この点，少し具体的に説明しましょう。たとえば，ある月の政策決定会合で何も政策変更が行われなかったとします。しかしその月の生産やインフレ率は低下し，また過去何カ月か生産やインフレ率の弱めの動きが続き，経済の減速傾向がやや明確にみられ始めたとします。この分析期間を通じて推定される，ベンチマークとなる政策反応の関係から判断すると，その月に金融緩和（政策金利の低下もしくはマネタリーベースの拡大）を行うのが，標準的な政策対応だとします。しかし，その月に中央銀行は政策変更・金融緩和を行わなかったとしましょう。そ

のとき，モデル上ではベンチマークとなる政策反応から逸脱した（通常なら行われる金融緩和が実施されなかった）と捉えられ，それは外生的な「金融引締めショック」とみなされるのです。

こうして識別された金融政策ショックが各変数へ及ぼす動学的な効果（将来にわたって及ぼす時間を通じた影響）は「インパルス反応」と呼ばれ，章末の付論3.1で説明される手続きに従って推定されます。以下では，マネタリーベース・ショックがGDPやインフレ率，長期金利や株価へ及ぼす動学的な効果を推定し，その結果を紹介します。

3　主要な実証結果

全期間の効果

それでは実証結果について説明しましょう。

図3.2は，ベンチマークの5変数モデルに基づいて，全期間について推定された，マネタリーベース・ショックのマクロ経済効果（インパルス反応）の結果を表しています。図の実線は，外生的なマネタリーベースの増加による各変数へのインパルス反応の推定値で，横軸は期間を表しています（24カ月まで）。点線は，モンテカルロ・インテグレーションの手法により計算された1標準誤差バンドで，推定値が統計的に有意にゼロから離れているかどうかの指標として用いられます（このバンドがゼロにかかっていなければ，総じて推定値は有意と判断されます）。

この図をみると，全体として，理論と整合的なインパルス反応の結果が示されています。マネタリーベースの外生的な増加

図 3.2 マネタリーベース・ショックによるマクロ経済効果
―(y, π, MB, i_B, p_K) モデル,全期間―

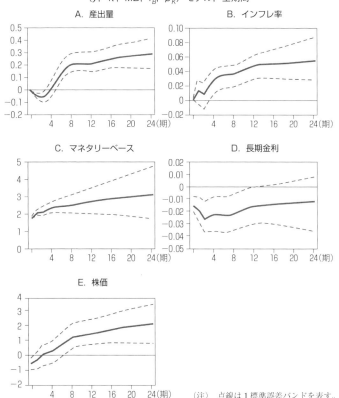

(注) 点線は1標準誤差バンドを表す。

は,実質 GDP と消費者物価インフレ率に対して持続的なプラスの効果を及ぼしています。標準誤差バンドも比較的小幅であり,推定結果が統計的に有意であることを示唆しています。また長期金利に対してはマイナスの効果を及ぼし,株価に対してはプラスの効果をもたらしており,いずれも前章で議論した理

図 3.3 マネタリーベース・ショックによるマクロ経済効果
―(y, π, MB, i_B, FX) モデル, 全期間―

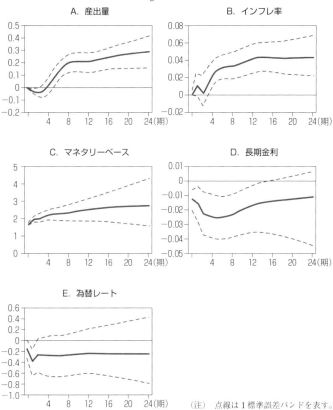

(注) 点線は1標準誤差バンドを表す。

論的なメカニズム（「資産市場の一般均衡モデル」）から期待される結果です。伝統的な金利経路を起点として株価を通じた効果波及経路が有効に機能していることがうかがわれます。

図 3.3 は，株価に代えて為替レート（名目実効為替レート）を使った場合の 5 変数モデルに基づく結果を表しています。こ

のモデルを分析することで，金融政策の波及メカニズムにおける為替レート経路の役割を評価することができます。この為替レートを利用したモデルからも，株価モデルと同様に，産出量とインフレ率に対して持続的な効果が得られました。また長期金利は持続的に下落し，円相場も下落しています（円安）。ただし留意点としては，為替レートの効果に関する標準誤差バンドは比較的幅が広いという点です。ここでは，少なくとも点推定値からは，為替レート経路は作用していると推察されます。

以上2つの図の結果を要約すると，マネタリーベース・ショックで捉えられる外生的な金融政策ショックは，産出量とインフレ率に対して明確なプラス効果——マクロ経済効果——を有することが示唆されました。

量的・質的金融緩和の効果：実施以前の期間と全期間の比較

次に量的・質的金融緩和の効果を検証するために，量的・質的金融緩和以前の期間と全期間の比較を行います。前者の期間については，先に議論したとおり，2012年10月を終期とする期間とします。

図3.4は，全期間に基づいて推定されたインパルス反応（実線）と量的・質的金融緩和以前の期間に基づいて推定されたインパルス反応（点線）とを比較しています。いずれのグラフからも，この2つの期間の結果には明らかな違いがあることが見て取れます。量的・質的金融緩和の期間を含めることで，実質GDPと消費者物価インフレ率への効果はより大きく持続的になっています（グラフAとB）。グラフCには，マネタリーベース・ショックがマネタリーベースへ及ぼす効果が示されて

図 3.4 量的・質的金融緩和以前の期間と全期間との比較
―(y, π, MB, R_B, P_K) モデル―

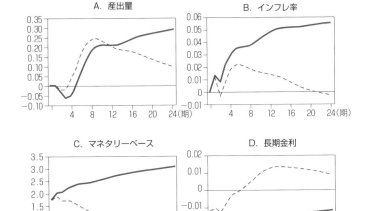

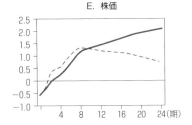

(注) 実線は全期間に基づくインパルス反応の点推定値,点線は量的・質的金融緩和以前の期間に基づくインパルス反応を表す。

います。量的・質的金融緩和により大規模でオープンエンドの国債買入れが実施された結果,その規模が拡大し継続期間も長期化したことで,マネタリーベースへの効果がより大きくかつ持続的になっています。長期国債利回りや株価への影響についても明確な違いが観察されます。グラフDでは,量的・質的

図3.5 量的・質的金融緩和以前の期間と全期間との比較
―(y, π, MB, i_B, FX) モデル―

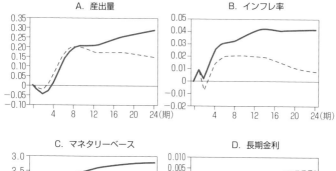

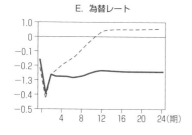

(注) 実線は全期間に基づくインパルス反応の点推定値，点線は量的・質的金融緩和以前の期間に基づくインパルス反応を表す。

金融緩和の期間を含めることで，長期利回りへの下押し圧力がより強まり，グラフEでも株価の上昇効果はより持続的になっています。

図3.5は，為替レートを用いたモデルに基づく結果を表しています。産出量，インフレ率，マネタリーベース，そして国債

利回りへのインパルス反応の結果は、図3.4の結果と大変似通っています。さらに、グラフEに示されるとおり、量的・質的金融緩和の期間を含めることで、マネタリーベース・ショックはより持続的な円安効果を生み出しています。金融政策の波及メカニズムにおける為替レート経路はより強まり、金融環境はより緩和的になったことがうかがわれます。

以上の比較の結果から、量的・質的金融緩和の実施により、マネタリーベース・ショックは日本経済により大きなマクロ経済効果をもたらしていたことが示唆されます。

これらの主要結果——全期間の推定結果、および2つの分析期間の比較——は、異なる変数やモデル特定化に基づく追加検証から支持され、頑健であることが示されます[9]。

実証結果の解釈

以上の実証結果の解釈について考察します。明確なマクロ経済効果が得られた要因としては、少なくとも次の2点を議論できます。

第1は、一般的な背景となる要因ですが、分析期間全体を通じて、日本経済のファンダメンタルズが改善を続けてきたという点です。日本の企業部門のバランスシート調整・不良債権処理は、最初の量的緩和政策が実施されてからほどなくして、

---

9) 具体的には、資産価格の代わりに銀行貸出を使ったモデル、実質GDPに代わる別の実体経済変数（企業設備投資、民間消費支出、企業収益、有効求人倍率）を使ったモデル、外生的な要因を追加考慮した6変数モデル（公共投資支出、商品価格指数、金融市場のボラティリティ指標、米国の長期金利）などです。

2000年代の半ば頃には基本的に完了したものとみられます。深刻な金融危機を1998年,2001年と経験して金融再生プログラムが2002年10月に発動されて以降,不良債権処理が本格化して非効率企業(いわゆる「ゾンビ企業」)の退出も進みました。過剰債務の調整も進み,それまで減少を続けていた銀行貸出は2005年に底入れして増加に転じました。これらの動きは,経済の資源配分を効率化させ,日本の企業部門全体の生産性や収益力を改善させたと考えられます。経済のファンダメンタルズの改善によって,より緩和的な金融環境は生産的なリスクテイク行動を促し,設備投資などをより刺激して,金融緩和政策の効果をより高めた可能性があります。

第2に,量的・質的金融緩和の導入によって,マネタリーベース・ショックのマクロ経済効果がより明確になった理由についてですが,その実施によって国債買入れの規模が大幅に拡大するとともに買入れ国債の年限が長期化し,かつそうした非伝統的な資産買入れをオープンエンドで継続するというフォワードガイダンスを公表したことが要因として考えられます。「2%の物価安定目標を安定的に持続するために必要な時点まで量的・質的金融緩和を継続する」と明確にコミットしたことで,市場参加者の予想に働きかけ,長期金利にはより持続的な低下圧力がかかり,株価そして為替レートに対してより持続的な上昇圧力をもたらしました。長期国債買入れによる株価・為替レートへの効果は,2章で検討した資産市場の一般均衡モデルからも示唆されます。資産価格経路がより強力に作用したことが,産出量とインフレ率により顕著な効果を及ぼしたと推察されます。

「量」の効果と予想短期金利の低下を通じた効果

　本章の実証結果は，大規模な長期国債買入れとそのオープンエンドのフォワードガイダンスが大きな景気刺激効果をもたらしたことを示唆しています。その主たる波及メカニズムは，いま述べたとおり，資産市場でのリバランスを通じた資産価格の経路（長期金利低下，株高，ドル高・円安）であり，それが実体経済と物価に明確な効果を及ぼしたと解釈できます。これが本書で示された「量（バランスシート／マネタリーベース）の効果」であり，より正確にいえば「大規模な長期国債等の買入れを伴って拡大した『量』の効果」です[10]。

　しかし，大規模な長期国債買入れは，資産のリバランスを促し長期金利のタームプレミアム部分に低下圧力をかけるだけで

---

10) ここで「量の効果」という場合に，資産サイドの中身を問わずに，「量（バランスシートもしくはマネタリーベース）そのもの」が景気あるいは物価に影響を与えるとする議論も存在します。量そのものが物価に影響を及ぼすという議論の典型は，「貨幣数量説」（2章の注1）に基づく主張ですが，それが人々のインフレ予想に波及し実質金利が低下することで総需要を刺激するというメカニズムを示すことができます（2章，図2.6のインフレ予想を通じた効果）。本章の分析結果にそうした効果が含まれている可能性は必ずしも排除できませんが，しかし，本章で示された政策効果をもたらした主たる原動力は何かと問われれば，それは「（資産サイドの中身を問わない）マネタリーベースそのもの」というよりは，やはりマネタリーベースの拡大をもたらす資産サイドの中身（資産の満期構成の長期化）だと考えます。マネタリーベースをハイペースで拡大するには，長期国債など従来購入対象ではなかった非伝統的な資産（貨幣とはより不完全代替的な資産）に踏み込んで買入れを拡大する必要があり，それがより強い政策効果を発揮しているとみられるからです。

はありません。それは、将来の短期金利の予想経路にも影響を及ぼす可能性があります。長期国債を大規模かつオープンエンドに買入れることで、異例の緩和措置をより長期に継続する——したがって、結果的にゼロ金利や超低金利をより長期間続ける——シグナルと市場が受け止めると、予想短期金利の部分にも下押し圧力がかかることになるからです（それは「シグナル効果」と呼ばれます）。

いま仮に、大規模な長期国債買入れにシグナル効果が含まれるとすると、量的・質的金融緩和の導入と拡大により、予想短期金利の低下による景気刺激効果も含まれるという可能性が考えられます。ここで、予想短期金利の低下が景気刺激効果を持つためには、2章3節の「ゼロ金利コミットメントの効果」での議論に沿って考えると、(ⅰ) 将来景気が回復する、(ⅱ) 将来景気が回復したときに（つまり利上げが必要なときに）ゼロ金利を続ける、という2つの要件が必要です。

この2つの要件は、いずれも将来の事象なので不確実性が伴うものですが、特に(ⅱ)に関する不確実性については、大規模かつオープンエンドの長期国債買入れによって抑制され、その結果景気刺激効果が強まった可能性があります。すなわち、2章3節で議論したように、「将来利上げが必要な時にもゼロ金利を継続する」という約束には、実際に利上げが望ましい局面になると破られるという誘因が存在する（事後的には反故にすることが望ましい）ことから、「時間非整合性（time inconsistency）」の問題が含まれています。大規模かつオープンエンドの長期国債買入れによって、より強い「シグナル効果」が発揮されると市場が認識すると、それは時間非整合性の誘因を抑え

るコミットメント・デバイスとしても機能して，予想短期金利の低下を通じた効果を強める役割を果たします。

　さらに付言すれば，(i) の「将来景気が回復する」という要件の面でも効果が高まる可能性があります。たとえば量的・質的金融緩和によって実現した資産効果によって人々の成長期待が高まると，景気回復がより早期もしくは確実に実現すると予想され，「前借り」できる緩和効果そのものが大きくなる可能性が考えられます（図 2.8 も参照）。本章で示された長期国債買入れ・マネタリーベース拡大によるマクロ経済効果には，こうした予想短期金利の低下（ゼロ金利コミットメント）を通じたメカニズムを強めている可能性が考えられるのです。

第3章のポイント

- 非伝統的金融政策の効果を実証的に検証することは，前章に続き，政策の是非を論ずるうえで不可欠な論点。
- 金融市場への効果に関する検証は進んできたが，景気や物価などへのマクロ経済効果を分析した先行研究は多くない。
- 本章では，政策効果を分析する定型的な手法（構造ベクトル自己回帰モデル）を使って，わが国の非伝統的金融政策のマクロ経済効果を検証した。具体的には，マネタリーベースを主たる政策手段とする5変数モデルを設定し，2001年以降のデータを用いて分析を行った。
- 全期間に基づく推計の結果，マネタリーベースの増加は，GDPと消費者物価上昇率に持続的なプラス効果を及ぼすことが示された。長期金利の低下と株価や為替レートの上昇（ドル高・円安）という波及メカニズムも確認された。
- 量的・質的金融緩和以前の期間と全期間の結果を比較すると，量的・質的金融緩和の期間を加えることで，より明確なマクロ経済効果が得られた。量的・質的金融緩和政策はより大きく持続的な効果を持つことが示唆された。
- 本章の分析は確定的な最終結果を表すものではない。再現可能な科学的分析を積み重ね，政策効果の全体像に少しでも近づいていくことが重要である。

付論 3.1 構造ベクトル自己回帰モデルに基づく政策効果の検証

この付論では、構造ベクトル自己回帰モデルの概要を説明します。ここではエッセンスの解説にとどめるので、より詳しい解説は、たとえば拙著(宮尾, 2006, 2章)などをご参照ください。

次の4つのステップに分けて説明していきます。すなわち、(1) 1変数の「自己回帰モデル」の概要、(2) 多変数の「ベクトル自己回帰モデル」の概要、(3)「構造ベクトル自己回帰モデル」の導出、そして (4) 構造ショックの動学的効果(インパルス反応)の計算の4つです。

以下では、例示のため、具体的な3変数モデル(GDP、インフレ率、マネタリーベースの3変数)を使って説明します。この3変数モデルに、長期金利と資産価格(株価もしくは為替レート)を4変数目、5変数目に加えて拡張すれば、本文で用いる5変数モデルとなります。

(1) 1変数の自己回帰モデルの概要

ベクトル表現を説明するまえに、1変数の自己回帰(autoregressive: AR)モデルを説明します。「自己回帰モデル」とは、ある1つの変数 X_t(添え字 t は時期)を、自らの過去の値(あるいはラグ)によって説明するモデルです。

たとえば、X_t を2期前までの自己の値 (X_{t-1}, X_{t-2}) で説明すると仮定します。そのとき、2次の自己回帰モデル(AR(2))は、

$$X_t = a_1 X_{t-1} + a_2 X_{t-2} + u_t \tag{A3.1}$$

と表現されます(a_1, a_2 は係数、u_t は誤差項、ここで定数項は省略しています〈以下同じ〉)。ラグの次数は、ここでは2期を仮定して

いますが，一般には，モデルの当てはまりを基準とする手法（情報量基準）によって選定されます。この自己回帰モデルは，時系列アプローチにおける最も基本的なモデルで，変数の予測などに用いられます。

(2) 多変数のベクトル自己回帰モデルの概要

次に，(A3.1) 式の自己回帰モデルを，多変数すなわちベクトル表現に拡張します。

ここでは具体的に，X_t は3つの変数（産出量 y_t，インフレ率 π_t，マネタリーベース m_t）からなるベクトルだと考えます。つまり，

$$X_t = \begin{bmatrix} y_t \\ \pi_t \\ m_t \end{bmatrix}$$

と表されます。

このベクトル表現の X_t を，(A3.1) 式に当てはめたものが，「ベクトル自己回帰（vector autoregression: VAR）モデル」の表現になります。X_t は3つの変数からなるベクトルなので，(A3.1) 式に当てはめた式は，3本の式からなる「式体系（システム）」となります。

具体的に，式ごとに考えてみましょう。第1式である産出量 y_t の式は，3つの変数それぞれの過去の値（2期ラグ）で説明されます。すなわち，

$$y_t = [a_1 y_{t-1} + a_2 y_{t-2} + b_1 \pi_{t-1} + b_2 \pi_{t-2} + c_1 m_{t-1} + c_2 m_{t-2}] + u_{y,t}$$

(A3.2)

と表されます。カギ括弧内にまとめられた3つの変数のラグが説明変数であり，そこに第1式の誤差項 $u_{y,t}$ が追加されます（a_1, a_2, b_1, b_2, c_1, c_2 は係数）。

以下同様に、第2式のインフレ率 π_t の式、第3式のマネタリーベース m_t の式を表すと、

$$\pi_t = [3\text{つの変数のラグで説明される項}] + u_{\pi,t}$$
$$m_t = [3\text{つの変数のラグで説明される項}] + u_{m,t}$$

となります。各式のカギ括弧内は（A3.2）式のカギ括弧と同様の表現が入り、$u_{\pi,t}$, $u_{m,t}$ はそれぞれの誤差項です。

以上の3つの式をまとめて表現すると、最終的に、ベクトル自己回帰モデルは、

$$X_t = A_1 X_{t-1} + A_2 X_{t-2} + u_t \qquad (\text{A}3.3)$$

と表されます。（A3.1）式の1変数の自己回帰モデルと見た目にはまったく同じですが、ベクトル自己回帰モデルは、3つの変数をそれぞれの過去の値で説明する式体系となります。X_t は3つの変数からなるベクトル、A_1, A_2 は3行×3列の係数の行列、u_t も3つの誤差項（$u_{y,t}, u_{\pi,t}, u_{m,t}$）からなるベクトルになります。

(3) 構造ベクトル自己回帰モデルの導出

ベクトル自己回帰モデルによく似た表現で、経済構造に基づいて政策効果などを議論するフレームワークが「構造ベクトル自己回帰（structrual VAR）モデル」です。

ここで、典型的な構造 VAR モデルを、上記の3変数モデルで考えると、

$$y_t = [3\text{つの変数のラグで説明される項}] + \varepsilon_{y,t}$$
$$\pi_t = \alpha y_t + [3\text{つの変数のラグで説明される項}] + \varepsilon_{\pi,t}$$
$$m_t = \beta y_t + \gamma \pi_t + [3\text{つの変数のラグで説明される項}] + \varepsilon_{m,t}$$

と表されます。

第1式は産出量（実質 GDP）を説明する式です。GDP を説明する要因は，家計の消費や企業の設備投資行動など多岐にわたりますが，特定のモデルや定式化を仮定せず，過去の GDP，インフレ率，マネタリーベースがさまざまな構造的な関係式を経由して現在の GDP を説明すると想定します。特定のモデルに依拠して，各支出項目の説明式を詳細に設定するのは，伝統的なマクロ計量モデルのアプローチですが，その際にはシステムが大規模になるとともに数多くの制約が仮定されます。ここでは，そうした特定モデルに基づいて数多くの想定を置くことはしないという意味で，分析者の恣意性をできるだけ排除した制約の緩いモデルと解釈できます。

第2式はインフレ率を説明する式で，基本的には GDP と同様に（緩い制約のもとで）各変数のラグが説明変数として入りますが，それに加えて，インフレ率と GDP との間に同時点の相関を容認しています（$\pi_t = a\, y_t$）。この関係の傾きが正であれば，標準的な右上がりの総供給関数もしくはフィリップス曲線の関係を表すことになります。

第3式はマネタリーベースを説明する式で，同じく各変数のラグに加えて，同時点の関係として産出量とインフレ率にも依存することを容認しています。これは経済活動に依存してマネーが供給される「内生的な貨幣供給」の面と，景気やインフレ動向に金融政策が反応する「政策反応関数」の面の両方を含んでいる可能性があります。

各式の誤差項は，各変数の変動を引き起こす「構造ショック」として解釈されます（それぞれの説明される変数に対応して「GDPショック」，「インフレ・ショック」，「マネタリーベース・ショック」と呼ばれます）。

以上の3つの式と構造ショックをまとめて表現すると，構造ベクトル自己回帰モデルは，

$$B_0 X_t = B_1 X_{t-1} + B_2 X_{t-2} + \varepsilon_t \tag{A3.4}$$

と表されます。ここで X_t は3つの変数からなるベクトル，B_0, B_1, B_2 は3行×3列の係数の行列，ε_t は3つの構造ショック（$\varepsilon_{y,t}, \varepsilon_{\pi,t}, \varepsilon_{m,t}$）からなるベクトルになります（構造ショックは，それぞれ系列相関がなく，互いに無相関と仮定されます）。

ここで同時点の関係を表す係数 B_0 は，

$$B_0 = \begin{bmatrix} 1 & 0 & 0 \\ -\alpha & 1 & 0 \\ -\beta & -\gamma & 1 \end{bmatrix} \tag{A3.5}$$

となり，下三角行列になります。（A3.4）式の構造モデルは，まずデータから（A3.3）式を推定し，それを構造モデルに変換することで求められます。

構造モデルを導出する際，（A3.5）式の同時点の制約（下三角の形になるように B_0 の上三角の要素にゼロを仮定）が用いられます。たとえば B_0 行列の3列目に置かれている「2つのゼロ制約」は，マネタリーベースの変化は同時点では産出量とインフレ率には影響を及ぼさない（金融政策の効果波及には時間がかかる）という仮定を意味します。構造モデルを求める際に課される制約は，一般に「識別制約（identifying restrictions）」と呼ばれます。

B_0 のように，変数間の同時点の依存関係が1つずつ（つまり「逐次的（リカーシブ）」に）拡大していく制約は「リカーシブな識別制約」と呼ばれ，構造VAR分析の基本的な制約としてしばしば用いられます。4変数目，5変数目に金融部門の変数（長期金利と資産価格）を追加して，同様のリカーシブ制約を仮定するアプローチは，「ブロック・リカーシブ制約」（Christiano, Eichenbaum and Evans, 1999）と呼ばれ，本文の分析で用いられる識別制約に当たります。

（4） 構造ショックの動学的効果（インパルス反応）の計算

　構造ショックが1単位変化したときに各変数が時間を通じてどのように変化するか——構造ショックの「動学的効果」——を測るのがインパルス反応です。「インパルス反応」という呼び名は，構造ショックの変化が「衝撃（インパルス）」となって，その影響がモデルに波及していくというところからきています。

　インパルス反応の意味を直感的に理解するために，1変数の自己回帰モデルで説明しましょう。いま（A3.1）式をさらに単純化して，1期ラグからなる1次の自己回帰モデル（AR(1)）を考えます。

$$X_t = a_1 X_{t-1} + u_t \tag{A3.6}$$

これを1期ずらした式（$X_{t-1} = a_1 X_{t-2} + u_{t-1}$）を（A3.6）式に代入すると，

$$X_t = a_1(a_1 X_{t-2} + u_{t-1}) + u_t = u_t + a_1 u_{t-1} + a_1^2 X_{t-2}$$

となります。さらに同様の代入を続けると，結局 X_t は現在から無限の過去までの誤差項で表されることになります。すなわち，

$$X_t = u_t + c_1 u_{t-1} + c_2 u_{t-2} + c_3 u_{t-3} + \cdots \tag{A3.7}$$

となります（ここで $c_1, c_2, c_3, \cdots$ は係数）。この（A3.7）式の表現は，誤差項のラグの一種の加重平均なので「移動平均（moving average: MA）モデル」と呼ばれます。一般に自己回帰モデルは，無限大の次数を持つ移動平均モデル（MA(∞)）で表現されます。

　この移動平均モデルの表現を使って，u_t が1単位増加したとき X_t が時間を通じて（つまり動学的に）どのように変化していくかを記述するのがインパルス反応です。実際，MAモデルの係数がインパルス反応に相当することが示されます。

　それを理解するために，（A3.7）式を1期，2期と前方にずらし

てみると，

$$X_{t+1} = u_{t+1} + \boxed{c_1 u_t} + c_2 u_{t-1} + c_3 u_{t-2} + \cdots$$
$$X_{t+2} = u_{t+2} + c_1 u_{t+1} + \boxed{c_2 u_t} + c_3 u_{t-1} + \cdots$$

と表されます。いま u_t が1単位増加したとき，(A3.7) 式から今期 X_t は1増加し，来期 X_{t+1} は c_1 だけ増加し，その次の期 X_{t+2} は c_2 だけ増加し…，と続いていきます（上式の点線で囲った項）。つまり，移動平均モデルの係数 1, c_1, c_2, c_3, …が，誤差項 u_t が1単位増加したときの X_t への動学的効果に相当することがわかります。

　以上の1変数の自己回帰モデルの議論は，多変数のベクトル自己回帰モデルにそのまま応用できます。まず，推定された構造ベクトル自己回帰モデル（(A3.4) 式）を，(A3.7) 式のような移動平均モデル（「ベクトル移動平均（vector autoregressive moving average: VMA）モデル」）へ転換します。すなわち，

$$X_t = D_0 \varepsilon_t + D_1 \varepsilon_{t-1} + D_2 \varepsilon_{t-2} + D_3 \varepsilon_{t-3} + \cdots \qquad (A3.8)$$

となります。ここで $D_0, D_1, D_2\cdots$ は3行×3列の係数の行列です。これらの係数行列のなかで，それぞれの構造ショックにかかる係数（行列の要素）を取り出したのが，ここでのインパルス反応となります。

　たとえば，マネタリーベース・ショック $\varepsilon_{m,t}$ が1単位増加することによる GDP への動学的効果は，各係数行列 $D_0, D_1, D_2\cdots$ における1行3列の要素を取り出したものとなります。それが，本章の分析で推定される金融政策ショックの産出量への動学的効果に相当します。

第4章

2％物価安定目標は妥当なのか

はじめに

　本章では，わが国の2％物価安定目標に関する論点を取り上げます。2％の消費者物価上昇率を目標として掲げて，できるだけ早期の実現を目指して，大規模かつ積極的な金融緩和政策が実施されています。しかし，長期のデフレを経験してきた日本にとって，「2％の目標は高すぎるのではないか」，「2％のインフレ率は本当に達成できるのか」，「高い目標を無理に達成しようとすると逆に弊害が起こるのではないか」といった疑問を持たれる方もおられるかもしれません。

　2％のインフレ率を政策目標とする金融政策運営は，米国や欧州でも採用されており，先進国経済に共通した政策フレームワークです。日本だけが特殊な目標を設定しているわけではありません。また，デフレを長く経験してきたからこそ，2％という若干高めの――しかし世界的にみればスタンダードである――目標を目指して積極的な緩和策に取り組むべき，という議論も成り立つように思われます。

　こうした問題意識に基づき，本章は，2％物価安定目標の意義や課題について検討します。はじめに，議論のバックグラウンドとして，2％の物価上昇率を目標とするインフレ目標政策

が，いかに世界のスタンダードとなるに至ったのか説明します。米国では，インフレ目標の公式な採用は長く見送られていたのですが，2012 年 1 月，「長期の政策目標（longer-run goal）」という表現で 2％の物価上昇率が目標として公式に表明されました。こうした背景も踏まえつつ，日本の物価安定目標について解説します。

次に，「デフレ均衡」と呼ばれる問題について検討します。日本経済が「デフレ均衡（デフレが持続する状況）」に陥っている可能性があるとの見方は，米国のブラード・セントルイス連銀総裁の論考（Bullard, 2010）によって，広く知られるようになりました。ブラード総裁は「日本のようなデフレ均衡に陥らないために，米国では積極的な資産買入れ・バランスシート拡大政策を講じるべき」と主張しました。そして実際，米国では大規模資産買入れ第 2 弾（LSAP 2）が実施されることになります。

具体的には，インフレ率と名目金利という 2 変数の散布図と，（1 章でも用いた）名目金利と実質金利の関係を表すフィッシャー方程式に基づいたシンプルなフレームワークから示されます。ここでは実際の数値例を使って，インフレ率と金融政策の関係について，そして長期のデフレ状況に至った経緯について具体的に論じていきます。

そのうえで，最近の非伝統的な金融政策の強化・拡充を経て，インフレ率が着実に改善を続けてきた様子について確認し，2％物価安定目標が現状妥当であることを示します。

1 インフレ目標政策の現在までの歩み[1]

「柔軟なフレームワーク」としての意義は大きい

では2％物価安定目標の妥当性を議論する前段として,インフレ目標政策全般の意義と現在までの歩みについて概観します。

現在,世界の中央銀行は,多かれ少なかれ「柔軟なフレームワークとしてのインフレ目標政策」を実践しています。インフレ目標政策は,1989年ニュージーランドで導入され,それを契機に,1990年代から2000年代初めにかけて採用国が広がりました。

制度的な詳細にはバリエーションがありますが,インフレ目標政策を実践している国は,おおむね次の4つの要件を満たしています。

①金融政策の主要目標は物価の安定
②インフレ率の数値目標を明示する
③景気と物価の見通しを公表して,政策形成過程を透明化する
④政策形成の概要を国会等に説明し,説明責任を明確化する

これらのなかで,さらに基本要件を絞り込むと,②数値目標の明示と③政策運営の透明性と考えられます。目標の数値を公

---

1) インフレ目標政策に関する文献は多数存在しますが,一般読者向けの解説として,たとえばBernanke and Mishkin(1997),伊藤(2013),宮尾(2006,3章)などを参照してください。

表し、政策形成のプロセスを透明にすることは、人々の将来見通し（景気見通しや物価見通し）の形成に役立ち、人々の意思決定にも役立つでしょう。それは経済や金融の不確実性を抑制することにもつながります。

また政策運営が透明であれば、望ましくない政策行動（たとえば政治圧力に屈して過度なインフレを目指すような行動——「インフレ・バイアス」とも呼ばれる——）を予防できるでしょう。政策運営の透明性を確保することは、④の説明責任を果たすことにもつながるため、きわめて重要な要件といえます。

このように③の透明性確保についてはその意義が広く認められ、多くの中央銀行が実践しています。米国や日本では、2～3年先までの経済・物価の見通しが年4回公表され、政策決定会合での議論も議事要旨や議事録を通じて公開されるなど、政策形成プロセスの透明性の確保が図られています。欧州（欧州中央銀行）でも2016年に入り議事要旨の公表が始まりました。

目標インフレ率の数値の公表には慎重な見方が根強く存在していた

一方で、②の数値目標の設定・公表には慎重な見方が根強くありました。実際、インフレ目標政策に対する主要な批判の1つは、数値目標を公表することで金融政策の柔軟性が損なわれるのではないかというものでした。数値目標が独り歩きして、インフレ率しか重視しない「インフレ・オンリー・ターゲット（インフレ目標至上主義）」と誤解されるのではとの懸念が、中央銀行の実務家を中心に存在していたとみられます。

具体的な問題としてよく懸念される状況は、供給ショック（原油価格の変化など）が発生する場合です。供給ショックに

よってインフレ率が目標から逸脱したからといって金融政策が機械的に反応すれば——たとえば原油高によって物価が上昇したので金融引締めを行えば——，景気変動を増幅したり，資産価格の過度な変動を引き起こしたりすることが懸念されます。

日本では，クルーグマン提案に代表されるように，高インフレを引き起こすことだけを目指す極端な「インフレ目標至上主義」の政策が，インフレ目標政策という名のもとに提唱されました。米国では，柔軟なインフレ目標政策に関する学術的な研究や議論が活発に行われる一方で，インフレ目標の公式な採用は長く見送られてきました。具体的な数値目標を公表すると，その数値に縛られて柔軟な政策運営ができなくなるとの懸念がFRB内部で大きかったとみられています。

非採用国でもインフレ目標は参照され，米国は導入に踏み切る

こうした懸念や慎重な見方が存在した一方で，インフレ目標の非採用国においても実際にはインフレ率の具体的な数値を公表し，それらを参照しつつ政策運営が行われてきました。日本では，「中長期的な物価安定の理解」，「中長期的な物価安定の目途」という表現で，「0～2％の範囲で中心値は概ね1％前後」，「2％以下のプラスで当面は1％程度」という参照値が，幅をもって公表されていました。「目標（target）」という用語は，先のインフレ目標至上主義の政策提案と誤解されるリスクがあり，使われませんでしたが，経済・物価見通しや議事要旨の公表などとあわせて考えると，実際には，柔軟なフレームワークとしてのインフレ目標政策が行われてきたといえます。

米国においても，人々のインフレ予想はおおむね2％程度で

アンカーされており，FRBは暗黙のインフレ目標政策を実施していると理解されてきました。そして2012年1月，バーナンケ議長によるリーダーシップのもと，FRBは「より長期の目標（longer-run goal）」という表現でインフレ目標の採用に踏み切ります。「インフレ率はより長期には主として金融政策によって決定される」との認識を明記し，2％の物価上昇率（個人消費支出デフレータの前年比インフレ率）を数値目標として公式に設定したのです。米国の場合は，雇用の最大化というもう1つの政策目標があり，それとの関係も問題になりうるのですが，2％の長期目標はFRBが目指すべき政策目標全体——物価安定と最大雇用——と整合的であると表明してその問題をクリアしました。

　バーナンケ議長は，早くから学界において柔軟なフレームワークとしてのインフレ目標政策の意義を提唱してきた第一人者です。彼はFRB理事（2002～2005年），FRB議長（2006～2014年）として長く金融政策の実践に携わり，年4回の記者会見の創設や政策金利のフォワードガイダンスの導入などFRBの透明性向上に向けた重要な取組みを主導してきました。そして2012年，その総仕上げともいうべきインフレ目標政策——2％の長期の政策目標——が正式に採用されました。インフレ目標の導入は，金融危機対応と並んで，バーナンケ議長の功績として賞賛されています。

　欧州でも，欧州中央銀行はインフレ目標を公式には採用していませんが，「2％より低く，かつ2％に近い」という物価上昇率の数値が「objective（参照値）」として掲げられており，発足当初から明確に公表されています。欧州中央銀行には合計17

カ国という数多くの国が参加しており、議事要旨や議事録の公表など政策運営の透明性が一般に問題となってきましたが、2016年から議事要旨の公表が始まるなど進展がみられます。

そして日本でも、次の節で詳しく議論するように、2013年1月、2%の物価安定目標が日本銀行によって設定されました。政策目標として明確な数値を掲げ、(これは以前から行われていますが)経済・物価の見通しを公表して政策運営の透明性を確保し、そのうえで、足元のインフレ動向だけに縛られず、先行きの見通しに依拠した柔軟な政策運営を行う。こうした政策運営が、いわば世界的なスタンダードとして確立されたといえます。日本銀行の導入により、欧州、米国、日本といった先進国経済すべてが2%目標で足並みを揃えることになったのです。

2 　2%物価安定目標は妥当なのか

2%物価安定目標が設定された経緯

では2%物価安定目標の概要を説明し、その妥当性についていくつかの観点から検討したいと思います。

まずその導入の経緯ですが、2013年1月当時、今後、経済・物価が順調に回復し、経済の持続的成長の実現が展望されるなかで、現実のインフレ率も人々の予想物価上昇率も徐々に上昇してくると見込まれました。そうしたなかで、これまで「物価安定の目途」として公表されてきたレンジ(2%以下のプラス)の上限の値を、わかりやすく「目標」として明記することは、人々の予想インフレ率をアンカーするうえでも適切と判

断されたのです。

日本銀行の政策目標は、日本銀行法第2条に「物価の安定を通じて国民経済の健全な発展に資する」と規定されています。したがって政策目標であり理念でもある「物価の安定」を数値としてどのように表現するか、そして数値を公表しても柔軟な政策運営は確保されるのかといった点は、以前から基本的な問題でありました。

検討すべき事項は多岐にわたります。インフレ率には計測誤差(上方バイアス)が含まれている可能性があります。デフレに簡単に陥らないよう政策金利に対して何らかの「のりしろ」——利下げ余地——を確保しておくことも重要かもしれません。また、事実上の1%目標のもとで、なかなかデフレを脱却できなかったという事実も存在します。そして、米国を含め先進各国はいずれも2%程度を目標値ないしは参照値として掲げており、柔軟なフレームワークであるとの理解も浸透してきました。

さまざまな議論を行い、総合的に検討した結果、2%物価安定目標の採用が決定されました。すなわち、国民経済の健全な発展に資する「物価の安定」を具体的な数値で表現すれば、それは消費者物価指数の前年比でみて、ゼロ%でも1%でもなく、2%である、と日本銀行は判断したのです。2%の物価安定目標は、政府との共同声明にも明記されました。

2%物価安定目標の妥当性

この2%物価安定目標が妥当かどうか、いくつかの点から論じることができます。

まず第1は、2%物価安定目標の導入によって、海外主要先

進国と政策目標の足並みが揃ったという点です。先に述べたとおり、2％は、米国、欧州など海外の先進国経済が揃って採用しているインフレ目標の数値です。海外と同じ目標を中長期に掲げるということは、為替レートの中長期的な安定という観点からも望ましいものです。長期的な為替レートの決定理論（「購買力平価説」）から、為替レートの変化は、内外の物価上昇率の差に依存することになるからです。長い目でみて為替レートが安定することは――そしてそうした認識が企業や家計に広がることは――、わが国の持続的成長の実現にも寄与するものと考えられます。

第2の点は、2％のインフレ目標は「どのような犠牲を払っても2％の物価上昇率さえ実現すればよい」、といった厳密なルール（あるいは「インフレ目標至上主義」）としてのインフレ目標ではないという点です。実際、物価の安定を通じて国民経済の持続的発展、つまり経済の持続的成長に寄与することが日本銀行法で定められている金融政策の理念であり、政府との共同声明「デフレ克服と持続的成長の実現を目指すための政策連携」のなかで設定されたものです。2％という具体的な物価目標を掲げる一方で、景気や持続的成長へ十分目配りすることが念頭に置かれています。それは、先に議論した「柔軟なフレームワークとしてのインフレ目標政策」にほかなりません。

第3に、以前よりも高い数値目標を掲げたことで、より積極的な緩和措置の導入につながり、デフレ状況を脱却する素地をつくったという点です。2％物価安定目標が決定される以前の政策目標あるいは参照値の数値は、2006年3月からの「物価安定の理解」では、「0～2％の範囲で、中心値は1％前後」、

2012年2月からの「物価安定の目途」では,「2%以下のプラスで,当面は1%を目途」というものでした。事実上の政策目標,あるいは参照値として,「1%」が掲げられてきたと解釈できます。しかし,事実上の1%目標のもとで,長引くデフレから明確に脱却するには至りませんでした。後述するような「デフレ均衡」と呼ばれるような状況に陥っていた可能性もあります。デフレ状況,すなわち景気の低迷が長期化し物価や賃金もなかなか上がらない状況が続くもとで,企業や家計の前向きな取組みや生産的なリスクテイク行動が萎縮する傾向(「デフレ心理」)が強まるリスクもありました。こうした「デフレ状況」が長引き「デフレ心理」が広がるリスクがあるなかで,より高い水準に政策目標を設定したことは,さらに踏み込んだ積極的な政策対応につながるきっかけを提供したと考えられます。実際,2013年4月に日本銀行は量的・質的金融緩和という大規模な緩和措置を決定し,その後,景気回復基調は強まりました。より高いインフレ目標の導入が,デフレ状況を脱する重要な素地をつくったと解釈できると思われます。

3 日本経済が「デフレ均衡」に陥っていた可能性[2]

ブラード連銀総裁の議論

この節では,先の小節「2%物価安定目標の妥当性」で議論

---

2) 本節の議論には,Bullard (2010),渡辺 (2012),またそれらの論考のベースでもある Benhabib, Schmitt-Grohe and Uribe (2001) などを参考

した第3の点（より高い目標を掲げることで，より積極的な緩和措置につながり，デフレ状況を脱するきっかけとなったという点）に関連して，「デフレ均衡」と呼ばれる問題について検討し，日本経済がデフレ均衡から脱却するにはやはり2%目標が重要な役割を果たしたことを示します。

日本経済が「デフレ均衡」の状況に陥っている可能性があるとの見方は，ブラード連銀総裁の論考（Bullard, 2010）によって広く知られるようになりました。同様の分析は渡辺（2012）にも示されています。それは，インフレ率と名目金利という2変数の散布図と，（1章でも用いた）名目金利と実質金利の関係を表すフィッシャー方程式に基づいて議論されます

図4.1には，ブラード総裁が示した散布図と同じものを示しています。ここで横軸はインフレ率（消費者物価指数の前年比上昇率，除く食料・エネルギー・消費税），縦軸は名目短期金利（無担保コールレート・オーバーナイト物）が取られています。期間は1991年から2015年です。

Bullard（2010）は，この2変数の散布図を日本と米国について示し（期間は2002年1月から2010年5月），日本がデフレ均衡に陥っている可能性を示唆しました。そして米国も2010年5月当時，日本型のデフレ均衡に近づいていると警鐘を鳴らし，米国で実施すべき政策処方箋について検討しました。

具体的には，ゼロ金利の継続を表明するフォワードガイダンスと国債の大量購入に基づく量的緩和政策とを比較し，

(i) ゼロ金利のフォワードガイダンスを利用し，「ゼロ金利

にしています。

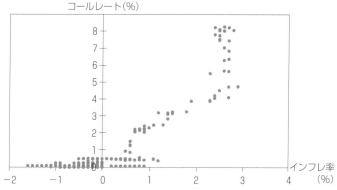

図 4.1 インフレ率とコールレートの散布図
―インフレ率（X），コールレート（Y），1991〜2015年―

(注) インフレ率＝消費者物価指数の前年比上昇率，除く食料・エネルギー・消費税。
コールレート＝無担保コールレート・オーバーナイト物，月中平均。
(出所) 総務省，日本銀行。

をより長期間続ける（"for an extended period"）」という政策では，むしろデフレ均衡をサポートしてしまい，日本のような結果に陥る確率を高める，

(ii) 量的緩和政策を実施し，長期国債買入れによってインフレ率の引き上げを目指すことが，総じて，日本のような結果を避けるためのベストな政策手段である，

と主張しました。

実際，FRB はこのブラード総裁の論考が公表されてから間もなく大規模資産買入れ第 2 弾（LSAP 2）に踏み切ります。その後，米国は現実のインフレ率も，予想インフレ率も高まり，日本型のデフレには陥りませんでした。

このブラード総裁の考察は重要な洞察を含んでいると思われます。渡辺（2012）も同じフレームワークに依拠しつつ，ゼロ

金利とゼロ・インフレという「2つのゼロ」現象を取り上げ，それぞれの要因を議論しています。

本章では，こうした先行研究を参考にしつつ，いくつかの特徴的な時点における数値例に基づいて，インフレ率と金融政策の関係について具体的に議論します。そして，日本がゼロ金利とデフレに至った経緯，デフレが持続する「デフレ均衡」に陥った可能性について，検討したいと思います。

ゼロ金利が続くなかで，日本経済がデフレ均衡に陥っていた可能性が相応にあるとすれば，より高めの目標を設定して積極的な緩和策——そしてそれは，ブラード総裁が論じたように，ゼロ金利のフォワードガイダンス強化ではなく，量的緩和などの資産買入れ政策——を講じるべきとの議論にも説得力があると思われます。考察の最後には，実際に非伝統的な資産買入れ政策が強化・拡充されるなかで，インフレ率が着実に改善を続けてきた様子について確認します。

理論フレームワーク

ではその理論的なフレームワークから説明しましょう。デフレ均衡かどうかを議論する簡便な理論的枠組みは，1章でも用いた，フィッシャー方程式と呼ばれる関係です。

$$名目金利＝実質金利＋（予想）インフレ率 \quad (4.1)$$

ここで右辺第2項に「（予想）インフレ率」と括弧をつけているのは，現実のインフレ率が予想インフレ率の代理変数として，しばしば用いられるからです。以下の議論でも，予想インフレ率と現実のインフレ率がほぼ同じものとして取り扱われます。

この (4.1) 式の関係をベースに,日本のデフレが「デフレ均衡」に相当する状況だったかどうかを検討していきます。

まず準備作業として,実質金利に代入すべき変数として「自然利子率 (r^n)」を考えます。自然利子率とは,特に長期的な「均衡」を議論する際に用いられる経済学の基本的な概念です。長期的には価格は伸縮的で,財サービス市場の需給は一致すると考えられます。あるいは,長期的に産出量は潜在GDP水準に一致する,もしくは貯蓄は投資と一致すると言い換えることができます。そうした状況と整合的な1期間の金利を経済学では「自然利子率」と定義します。

ここでは,

自然利子率＝長期的に貯蓄と投資が一致するような金利

という定義に基づいて話を進めます。ここでの貯蓄や投資,そして金利は,すべて物価変動の影響を除いた実質値を想定しています。したがって自然利子率は,正確には,実質の貯蓄と実質の投資が一致するような実質の均衡金利と定義されます。標準的な設定のもとで,家計の貯蓄は金利が上がれば増加し（金利の増加関数：$S(r)$）,企業の投資は金利が上がれば減少する（金利の減少関数：$I(r)$）と想定すると,図4.2のように,貯蓄と投資が一致するところで均衡の金利（つまり自然利子率 r^n）と貯蓄・投資額が決定されます。

こうして決定される自然利子率を (4.1) 式の実質金利に代入すると,（予想）インフレ率が与えられているもとで,「名目の均衡金利」が得られます。自然利子率は理論的な概念であり,実際には観察できません。したがって何らかの前提・手法に基

図4.2 自然利子率（r^n）の決定

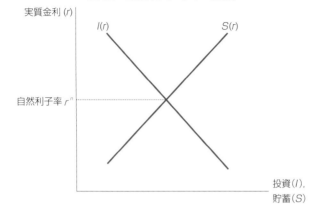

づいて推定する必要があります。ここでは，自然利子率と関係の深い潜在成長率の推定値を使って，自然利子率の推定値を求めます[3]。

一方，現実に観察される名目金利は，中央銀行が政策的にコントロールする政策金利です。この2つの金利を比較して，金融政策のスタンスを評価します。

すなわち，政策金利の水準が引き上げられて，名目の均衡金利を上回れば，金融政策のスタンスは引締め的となり，景気や物価上昇を抑制すると予想されます。逆に，政策金利が引き下げられて名目の均衡金利を下回れば，金融政策のスタンスは緩和的となり，景気は回復へと向かいインフレ率も高まると考え

---

[3] 自然利子率（均衡の実質金利）を潜在成長率で代用できるという関係は，たとえば2章（2.6）式のクルーグマン・モデルの設定においても示されています。詳しい導出については，たとえば小田・村永（2003）を参照。

表 4.1　金融政策のスタンス

政策金利＞ 名目均衡金利 （＝自然利子率＋インフレ率）	金融政策は引締的
〃　＝　〃	金融政策は中立的
〃　＜　〃	金融政策は緩和的

られます。金融政策のスタンスは，表4.1に要約されます。

以下の議論では，基本的に，政策金利（観察される名目コールレート）が正の領域にある状況を想定しています。すなわち，伝統的な金融政策が有効で，積極的な利下げが行われて景気やインフレ率の回復をサポートすると想定されます。しかし，その後インフレ率が低下し，さらには自然利子率も低下するもとで名目金利がゼロ金利下限に近づくと，伝統的な金利政策では政策スタンスは十分緩和的とはならず，インフレ率を目標水準に回復させようとする力も十分働かなくなります。こうした事態に至ると，デフレ状況から簡単には抜け出せなくなる——つまりデフレ均衡に陥る——可能性が出てきます。

デフレ均衡の可能性の検討

以上の準備に基づき，具体的な数値例を使って，金融政策で誘導される政策金利（コールレート）と名目均衡金利，そして金融政策スタンスを考えます。そして，最終的にデフレ均衡の可能性について議論します。

日本経済を特徴づける時点として，①1991年後半（バブル崩壊後），②1997年前半（日本の金融危機が発生する前），③2006年後半（金融危機後の回復局面），④2009年後半（リーマンショック後）の4つの時点を取り上げて，順に検討します。

① 1991年後半の金融政策スタンス

まずバブル崩壊後の1991年頃の日本経済を考えます。

バブル経済の景気過熱を抑えるため，1989年から1990年にかけて金利は急激に引き上げられ，1991年の初めに名目金利（無担保コールレート・オーバーナイト物）は8％に達しました。そこから金利引き下げ局面に入り，1991年後半の政策金利は平均すると6.9％でした。一方，1991年後半の消費者物価インフレ率（前年比，除く食料エネルギー）は2.6％程度でした。

また自然利子率は，潜在成長率とほぼ対応するとの考え方に基づいて，4％台前半程度と仮定します。図4.3には潜在成長率の推定値を示しており，80年代末から90年代初めにかけて4％を少し上回る水準で推移しています[4]。

以上の数値例に基づくと，1991年後半頃の金融政策スタンスは，

政策金利＝6.9％
名目均衡金利（＝自然利子率4％台前半＋インフレ率2.6％）
　　　　＝6％台後半〜7％程度

となり，ほぼ中立的であることがわかります。自然利子率の推定値など，幅を持ってみなければなりませんが，バブル崩壊後

---

4) 潜在成長率の推計アプローチはさまざまありますが，ここでは典型的な生産関数アプローチに基づき筆者が推計しています。政策当局（内閣府，日本銀行）も生産関数アプローチに基づく推計値を公表しています。潜在成長率およびGDPギャップの推計アプローチについては，内閣府（2001, 2007, 2011），鎌田・増田（2001），日本銀行（2003），伊藤ほか（2006）などを参照。

図4.3 潜在成長率の推定値
—1986〜2015年,半期データ—

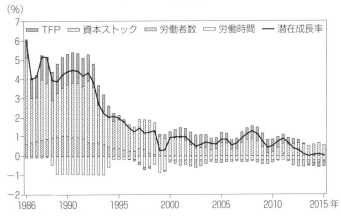

(注) 生産関数アプローチに基づく推定値。
(出所) 筆者推計。

の1991年後半当時,それまで急速な利上げから利下げに転じた局面で,金融政策のスタンスはほぼ均衡水準並み,つまり経済に対して中立的で緩和的でも引締め的でもない状況とみることができます。

図4.4には,図4.1に上書きする形で,名目均衡金利を表す直線（切片は自然利子率に当たり4.5％と想定,傾き1の直線）が示されています。1991年後半頃のインフレ率と政策金利（E_{1991}点）は,名目均衡金利線上にほぼ位置するので,金融政策スタンスはほぼ中立的であることがわかります。

ここで,インフレ率が低下したときの金融政策の反応を考えます（当面,自然利子率は一定と仮定します）。インフレ率の低下に積極的に反応する中央銀行であれば,インフレ率の低下幅よりも大きく政策金利を引き下げて,インフレ率を元の水準に

図 4.4　1991 年後半頃の金融政策スタンス
―インフレ率（X），コールレート（Y）散布図（1991～2015 年）―

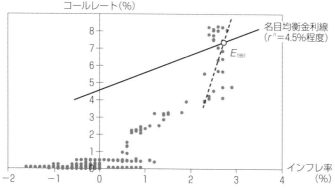

(注)　直線は自然利子率とフィッシャー方程式に基づく名目均衡金利線：
　　　名目均衡金利＝自然利子率（4.5％程度）＋インフレ率
　　　点線はテイラー原則に従う政策反応関数（例示）。

戻そうとするでしょう。インフレ率よりも大きく政策金利を引き下げる結果，実質の政策金利は低下し，景気や物価を刺激することができます。つまり，インフレ率が落ち込んでも，またそれを元に戻す力が働くため，その意味でインフレ率の動きは安定的です。

　いま述べた積極的な政策反応の関係を式で表せば，

$$\text{政策金利}＝\text{定数項}＋a\text{インフレ率}，\quad a＞1 \qquad (4.2)$$

となります。金融政策のこうした積極的な政策反応は，提唱者にちなんで「テイラー原理（Taylor principle）」と呼ばれます。

　テイラー原理に従って行動する中央銀行の政策反応の関係（政策金利とインフレ率の関係）を，1991 年後半頃を基準にして例示すると，図 4.4 の点線のように，E_{1991} 点を通り，名目均

衡金利線よりも傾きが急な直線として表されます。

　ここで自̇然̇利̇子̇率̇が̇一̇定̇のもとで，実̇際̇イ̇ン̇フ̇レ̇率̇が̇低̇下̇し̇た̇と̇き̇，(4.2) 式のテイラー原理に従って政策金利がより大きく引き下げられれば，緩和的な金融政策スタンスによって景気・物価は刺激され，経済は再び E_{1991} 点に戻ることが期待されます。図 4.4 のインフレ率と政策金利の動きは，当初，点線で示された政策反応の関係と整合的なので，まさにそうした積極的な金融緩和スタンスが取られていたと推測されます。

　しかし，もし仮に，自̇然̇利̇子̇率̇が̇同̇じ̇時̇期̇に̇低̇下̇し̇て̇い̇た̇と̇す̇れ̇ば̇，必ずしも政策スタンスは緩和的でなかったかもしれません。その場合には，インフレ率を安定化させる（引き上げる）効果も弱まり，E 点へ経済は戻らないことになります。

　実際，図 4.3 をみると，潜在成長率は 90 年代初頭以降，急速に低下していきます。バブル期に蓄積した「3 つの過剰（過剰設備，過剰債務，そして過剰雇用）」の解消を優先する企業は，新規の設備投資を抑制し，潜在成長率における資本ストック成長の寄与は大きく低下しました。新しいイノベーションを創出する取組みも減退し，全要素生産性伸び率も低下しています。90 年代半ばに自然利子率が同時に低下していたとすれば，当時の政策金利の引き下げによる緩和効果は，それだけ減殺されていた可能性があります。

② 1997 年前半頃の金融政策スタンス

　では時間を進めて，1997 年前半の日本経済の状況を考えます。1991 年から利下げが繰り返された結果，1997 年前半の政策金利は 0.5％まで低下しています。インフレ率は 0.4％まで低

下し，一方，自然利子率は1%台前半まで低下してきました（図4.5）。

この時期の金融政策スタンスを考えると，

政策金利＝0.5%
名目均衡金利（＝自然利子率1%台前半＋インフレ率0.4%）
　　　　＝1%台半ば〜後半程度

であることから，大変緩和的であることがわかります。

図4.5には，先ほどと同じく，名目均衡金利線（切片1.5%，傾き1の直線）が示されています。図4.4と比べると，自然利子率の低下によって切片が大きく下がっているので，名目均衡金利線全体が大きく下方にシフトしています。一方，1997年前半頃のインフレ率と政策金利を表すE_{1997}点は，名目均衡金

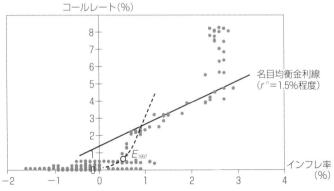

図4.5　1997年前半頃の金融政策スタンス
—インフレ率（X），コールレート（Y）散布図（1991〜2015年）—

(注)　直線は自然利子率とフィッシャー方程式に基づく名目均衡金利線：
　　　名目均衡金利＝自然利子率（1.5%程度）＋インフレ率
　　　点線はテイラー原則に従う政策反応関数（例示）。

利線より下に位置しています。したがって,もし自然利子率が̇こ̇の̇ま̇ま̇の̇水̇準̇で̇維̇持̇さ̇れ̇れ̇ば̇,緩和的な金融政策スタンスが経済・物価を刺激して,インフレ率が上昇することが期待されます。ただし,残念なことに,その後日本は金融危機に見舞われて資本ストックの伸びは再び抑制され,潜在成長率はさらに下押し圧力を受けることになります。

　ここで問題は,政策金利はすでに事実上のゼロ金利まで到達してしまっていることです。いま確認したとおり,1997年当時の金融政策スタンスは緩和的であり,景気を刺激しインフレ率を上昇させる力が作用しているとみられます。一方で,さらなるディス・インフレ圧力(インフレ率の低下圧力)に見舞われる場合,伝統的な政策金利の手段を使って,これ以上の緩和効果を追求することは困難でしょう。そうした懸念は,日本の金融危機,さらにはリーマンショックという大きな負のショックに見舞われ,現実のものになっていきます。

③ 2006年後半頃の金融政策スタンス

　続いて2006年後半頃の経済情勢を考えましょう。1990年代末から2000年代初めにかけて日本は厳しい金融危機に見舞われ,2001年日本銀行は量的緩和政策の採用に踏み切ります。金融再生プログラムが導入され,不良債権処理もようやく本格的に進捗し,2000年代前半にはバランスシート調整は進みました。実体経済も順調に回復し,2006年3月量的緩和政策を終了して,政策金利は小幅に引き下げられました(2006年後半の時期,政策金利は0.24%)。

　一方で,物価の小幅下落は続きました。1998年終盤から物

価の小幅下落が始まり、その状況はその後2013年まで続くことになります（図1.3参照）。2006年後半の時期、インフレ率はマイナス0.4％程度でした。

ここで再び潜在成長率の推計値（図4.3）から、2006年頃の自然利子率を1％程度と仮定すると、金融政策スタンスは、次のような状況であったとみられます。すなわち、

政策金利＝0.24％
名目均衡金利（＝自然利子率1％程度＋インフレ率－0.4％）
　　　　＝0％台半ば程度

であり、政策スタンスは若干緩和的であることがわかります。図4.6の散布図を確認すると、2006年後半頃のインフレ率と政策金利を表すE_{2006}点は、名目均衡金利線（切片1.0％、傾き1の直線）よりも下に位置しています。

図4.6 2006年後半頃の金融政策スタンス
―インフレ率（X）、コールレート（Y）散布図（1991〜2015年）―

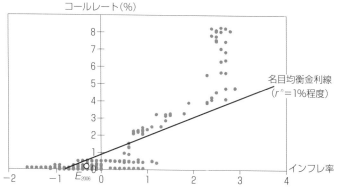

（注）直線は自然利子率とフィッシャー方程式に基づく名目均衡金利線：
　　　名目均衡金利＝自然利子率（1％程度）＋インフレ率

バランスシート調整の進捗と量的緩和政策などにより、景気回復は実現しましたが、物価の小幅下落からは脱却できませんでした。いま確認したとおり、2006年当時、コールレートが表す金融政策スタンスは若干緩和的ではあったものの、それはデフレから脱却するには不十分であったと理解できます。逆にいえば、景気や資産価格が過熱するリスクを取ってでも、量的緩和政策をより長期あるいは大規模に実施して、物価下落からの脱却を実現すべきだったという議論も成り立つかもしれません（先に引用したブラード総裁の論考では、そうした主張がなされています）。

実際、その後も小幅の物価下落は継続することになります。デフレから抜け出すには、政策金利をゼロ％近くに安定させることだけでは力不足であったことが示唆されるのです。

④ 2009年後半頃の金融政策スタンス

さらに時間を進めて、2009年後半頃の状況を考えます。日本経済は、2008年秋にリーマンショックに見舞われ、再び景気・物価には強い下押し圧力がかかりました。2009年の後半には、インフレ率はマイナス1.0％、政策金利は0.1％、自然利子率も0％台半ば〜後半程度にまで低下したとみられます。

この時期の金融政策スタンスを考えると、

　　政策金利＝0.1％
　　名目均衡金利（＝自然利子率0％台半ば〜後半程度
　　　　　　　　＋インフレ率−1.0％）
　　　　　　　＝マイナス0％台前半〜半ば程度

図 4.7 2009 年後半頃の金融政策スタンス
—インフレ率（X），コールレート（Y）散布図（1991〜2015 年）—

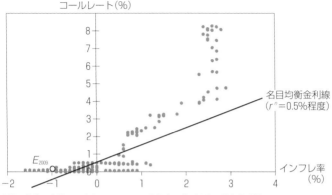

（注）直線は自然利子率とフィッシャー方程式に基づく名目均衡金利線：
　　　名目均衡金利＝自然利子率（0.5％程度）＋インフレ率

となり，引締め的となっています。

　図 4.7 には，これまでと同様に名目均衡金利線（切片 0.5％，傾き 1 の直線）が示されています。図 4.6 と比べると名目均衡金利線はさらに下方にシフトしています。そして，2009 年後半頃のインフレ率と政策金利を表す E_{2009} 点は，名目均衡金利線より上に位置しており，政策スタンスは引締め的であることがわかります。

　デフレのもとで，金融政策スタンスは引締め的であるので，デフレ圧力はさらに強まることになります。明らかに，伝統的な政策手段では緩和スタンスを作り出せず，景気を浮揚しデフレから脱却する力はうまく発揮できないことを示唆しています。デフレ状況から抜け出せず長期化・常態化する可能性が高いという意味で，「デフレ均衡」に陥っている可能性が示唆されるのです。

以上，わが国経済の4つの特徴的な時点を題材にして，インフレ率と政策金利（コールレート），そして自然利子率（≒潜在成長率）の推計値から，金融政策スタンスとデフレ状況の持続性について議論してきました。

　改めてまとめると，当初1990年代は，自然利子率の低下傾向にありながらも緩和的な金融政策スタンスが維持されてきました。1990年代終わりから2000年代の初めには金融危機によってデフレが進行し，2000年代前半の量的緩和政策と景気回復によって緩和的な政策スタンスが復活しましたが，小幅な物価下落の基調から抜け出すまでには至りませんでした。そしてリーマンショックに見舞われた日本経済は，さらなるデフレ圧力にさらされ，デフレの長期化懸念――「デフレ均衡」に陥った可能性――が強まったとみられます。

　最後に，2010年以降の日本経済の歩みについて，同じ図を使って確認しておきましょう。

　図4.8には，2010年から2015年まで，各年の平均的なインフレ率と政策金利が黒四角の点（■）で示されています。第1章で詳しくみたように，2010年秋からの包括緩和政策により非伝統的な資産買入れが進められ，2013年4月からは量的・質的金融緩和によってさらに大規模かつオープンエンドな国債買入れ政策が始まりました。ゼロ金利のもとで実施されたこれらの強力な非伝統的金融政策とその拡大によって景気回復が後押しされ，この図に表されるように，インフレ率は着実に改善しプラス領域に入ったことが見て取れます。

　2％の物価安定目標の実現には至っていませんが，この間の日本経済の歩みを俯瞰する限り，大規模な長期国債買入れの実

図4.8 2010年以降の金融政策スタンス
―インフレ率（X），コールレート（Y）散布図
（1991～2015年，■：2010年平均～2015年平均）―

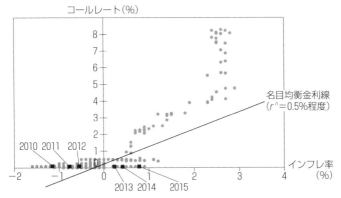

(注) 直線は自然利子率とフィッシャー方程式に基づく名目均衡金利線：
名目均衡金利＝自然利子率（0.5％程度）＋インフレ率

施と拡大が原動力となって，2000年代までのデフレ状況から脱することに成功したのではないかと推論されます。

第4章のポイント

- 2％インフレ率を政策目標とする金融政策運営は、主要先進国に共通する。それは「柔軟なフレームワーク」であり、透明性の向上という大きな意義がある。
- わが国で2％インフレ率を金融政策の目標とすることは、いくつかの観点から妥当と考えられる。
- 具体的には、①海外主要先進国と足並みが揃う、②2％物価安定目標とともに持続的成長を目指すことが政府との共同声明で明記されている（インフレ目標至上主義ではない柔軟なフレームワーク）、③より高い目標を掲げることで一段と積極的な緩和措置の導入につながり、デフレ状況から脱却する素地を作った、などである。
- インフレ率と政策金利の散布図に基づいて金融政策のスタンスを評価すると、潜在成長率の低下も重なり、総じて中立的か引締め的であった。物価の基調を反転させるには力不足であり、「デフレ均衡」の状況から抜け出せずにいた。
- 2010年以降、引締め的だった政策スタンスは緩和方向に転じる。2013年からは2％物価安定目標と量的・質的金融緩和政策が導入され、インフレ率もプラス領域へと改善してきた。上記③の議論をサポートするものであり、わが国は「デフレ均衡」の状況から脱却してきたことがうかがわれる。

第5章

懸念すべき副作用は何か

はじめに

　本章では，非伝統的な金融政策が抱える潜在的な副作用に関して検討します。

　非伝統的な金融政策は未踏の領域を進む政策であり，副作用の可能性に関してもさまざまな角度から論じられてきました。いうまでもなく，実際の政策判断を行う際には，2章，3章で検討したような政策効果に関する点検とともに，潜在的な副作用をどう評価するかに関する検討が不可欠です。

　ここではマクロ経済への影響という観点から重要と思われるリスクとして，しばしば指摘されてきた，①インフレ高騰のリスク，②資産価格バブルのリスク，③財政ファイナンスのリスク，の3点について議論します。あわせて，目標達成が近づくにつれて問題となる出口政策をめぐる問題についても考えます。

　なお，マイナス金利政策に関する問題や潜在的なリスクについては，期待される効果とあわせて，6章で取り扱います。

1　主要なリスクをどう考えるか

インフレ高騰のリスク

　インフレ高騰のリスクは，日本よりも特に米国において，大規模な資産買入れを開始する際に懸念された問題です。

　米国では，人々のインフレ予想がおおむね2％程度で安定して推移している（つまり大きく下振れしていない）とみられるもとで，大規模な資産買入れ・マネーの供給は，特に雇用の最大化という政策目標を達成する観点から実施されました。米国では物価の安定と雇用の最大化という2つが政策目標として位置付けられています（「デュアル・マンデート」と呼ばれます）。実際，FRBが2012年9月から実施した大規模資産買入れ政策の第3弾（Large Scale Asset Purchases: LSAP 3）では，「労働市場の見通しが十分に改善するまで継続する」という資産買入れに関するフォワードガイダンスが表明されましたが，それは明確に労働市場・雇用の改善にリンクしています。労働市場の需給ギャップが基本的に解消されるまで強力な資産買入れを続けることが表明されたのです。

　最大雇用を目指して非伝統的な資産買入れを強化する一方で，リスクとして懸念されたのは，インフレの高騰でした。インフレ予想が総じて安定しているもとで，大規模な資産買入れを行ってマネーの供給を拡大すると，貨幣数量説に基づくロジックなどを通じて，インフレ予想あるいは現実のインフレ率の高騰を招くのではと懸念されたのです。そのリスクは，特に保守系の政治家や経済学者を中心に強いトーンで表明されました[1]。

しかし，これまでのところ，実際のインフレの高進や，それをドライブするような景気の過熱や賃金上昇（「賃金・物価のスパイラル」）は米国ではみられていません。こうした状況は，世界金融危機後の各国の経済構造が米欧を中心に変化をしている可能性があることを示唆しています。

　その1つの可能性が，「長期停滞（secular stagnation）」と呼ばれる経済状況です。詳細は後ほど改めて論じますが，長期停滞経済では，金融危機の急性期が過ぎ去って，経済がおおむね正常化しても，企業が設備投資や賃金などに積極的に資金を振り向けないという特徴がみられます。雇用や企業収益が着実に回復する一方で，企業行動における慎重姿勢が続く限り，景気回復や物価上昇が実現しても，従来のような勢いがつかない可能性が考えられます。非伝統的金融政策を実施する状況において，そうした経済構造を前提として，景気回復に高インフレを加速させるほどの勢いがないとすれば，インフレが急騰あるいは高騰するというリスクは抑制されると考えてよいでしょう[2]。

---

1) マッキノン教授（Ronald McKinnon）やテイラー教授（John Taylor）なども資産買入れ政策に対して公然と批判を展開していました。"Open Letter to Ben Bernanke"（2010年11月15日，スタンフォード大学フーバー研究所）を参照。

2) 長期停滞経済の特徴は，2節で詳しく論じますが，高インフレのリスクとの関係では，経済の需要面と供給面の両方が低迷するという点がポイントです。供給面（イノベーションや生産性）の低迷は，需要面を所与とすると，それ自体はインフレを上昇させます。しかし同時に需要面も低迷すれば，そのインフレ上昇圧力は和らぎます。その結果，図5.3で例示するようなメカニズムにより，インフレが高騰するリスクは抑制されると考えられます。

日本においても，景気，企業収益，そして労働市場の改善は続いてきていますが，いまだ賃金上昇は緩やかであり，企業の慎重姿勢は残っています。いま述べた海外経済情勢を前提とすれば，インフレが高騰するリスクは，米欧経済と同様に抑制されているとみられます。

資産価格バブルのリスク

資産価格バブルや信用バブルのリスク——それは金融面の行き過ぎであることから「金融不均衡のリスク」とも呼ばれます——について，どう考えればよいでしょうか。このリスクについては，いくつかの観点から慎重な検討を要すると思われます。

まず，そもそもの点から確認すると，各国で非伝統的金融緩和政策が導入され，現在まで継続している背景には，資産価格バブルや住宅バブルの崩壊が主な原因としてあげられます。バブル期に積み上がった過剰設備，過剰債務は，バブル崩壊後にそれらの「過剰」を解消する調整プロセスにおいて，多大なコストと時間がかかります。長期の景気低迷をもたらした元凶が行き過ぎた資産価格の上昇や信用の拡大であるとすると，仮に将来の発生確率が高くなくとも，そのリスクには神経を尖らせなければなりません。

他方で，そのリスクを評価する際には，インフレ高進のリスクでも述べたとおり，金融危機後の経済構造が危機前とは異なる可能性にも留意が必要です。バランスシート調整が長引いた結果，先進国の企業行動は慎重化してきており，企業は改善した企業収益をかつてのように賃金や設備投資に振り向けない傾向が続いています。先進国が，そうした「長期停滞経済」にみ

られる傾向を強めているとすれば、新規設備投資は抑制され、潜在成長率も高まりにくい経済状況が当面続くと予想されます。仮にそのような経済構造を前提とすれば、将来への期待が過度に強気化する、銀行信用の拡大が続いてその後に深刻な影響をもたらすような信用バブルが発生する、といった事態に至ることは考えにくいでしょう。

かつて信用拡大を伴う大規模なバブルが発生した際には、その素地として、各種のイノベーションや生産性の向上など経済ファンダメンタルズの改善が伴っていました。日本の80年代後半は、「Japan as No. 1」といった日本礼賛論が注目を浴び、「東京は世界有数の金融センターになる」との期待もありました。実際、80年代後半当時、日本経済の生産性は高い伸びを示していたと考えられます（図4.3の潜在成長率の寄与度からも、当時の高いTFP〈全要素生産性〉成長率が示されています）。

また、信用拡大には至りませんでしたが、2000年代初めのITバブル発生時も、ITセクターの勃興というイノベーションが底流にあり、期待が強気化したとみられます。そして米国の住宅バブルも、背後に米国経済や世界経済全般に対する強気な見方——生産性の向上が持続して景気循環がなくなるとする「ニューエコノミー論」や、物価が安定するもとで成長が持続する「大いなる安定（Great Moderation）」の見方など——があり、実体経済の改善が続いていました。

現在の先進国経済に活発なイノベーションや持続的な生産性改善を期待できるのかと考えると、なかなかそうした強気の将来を想定するのは難しそうです。むしろ、高齢化や人口減少、イノベーションの不足が懸念され、生産性や潜在成長率の伸び

の鈍化が懸念される状況にあります。このような経済構造へと変化しているとすれば、信用拡大を伴う過大な投資や資産価格バブル、金融不均衡が起こるリスクは抑制されるのではないかというのが筆者の見方です[3]。

なお長期にわたった米国の金融緩和は、ドルと連動性の高い新興国や資源国に景気刺激効果を発揮してきたとみられます。その効果は不動産市場の価格上昇にも現れていますが、新興国・資源国は相対的に「高成長経済」です。信用拡大を伴うバブルのリスクに対して注意は怠れません。また、マイナス金利政策が導入された欧州諸国でも不動産価格の高騰は顕著です。本来不動産市場は金融緩和の効果を受けやすい部門であり、こうした動きに民間信用の拡大がどの程度伴っているのか、米国の今後の利上げペースとあわせ、注意が必要です。

財政ファイナンスのリスク

財政ファイナンスのリスクについても慎重な検討を必要とします。財政ファイナンスのリスクとは、中央銀行による国債買入れが政府の財政政策をサポートして財政規律の低下を招くものと受け止められ、国債利回りのリスクプレミアムが上昇し――つまり非伝統的な金融政策による低下圧力を上回るほどの強い上昇圧力がリスクプレミアムに作用し――、金利は高騰、それが財政破綻への懸念をさらに強めるのではないか、という

---

3) もっとも、世界的に金融緩和は強化されており、それが行き過ぎたリスクテイク行動を招いて資産価格の高騰をもたらす可能性は常に視野に入れておくべきといえます。

問題です。

　実際，日本の長期金利には，日本銀行による大規模な長期国債買入れとそのフォワードガイダンスによって——さらには6章で詳しく解説するマイナス金利政策が加わり——強い低下圧力がかけられており，これは財政当局に少なからず利益をもたらしています。また，金融緩和を継続して長期金利に下押し圧力をかけることは，財政政策の効果を高めることにもつながります。通常であれば，財政支出の拡大によって国債発行が増えると長期金利は上昇し，民間の支出が締め出されるという「クラウディング・アウト」が発生するのですが，大規模な国債買いオペレーションが続いており，この問題は発生しません。

　では，日本が財政破綻するリスク，国債利回りのリスクプレミアムが高騰するリスクをどの程度のものと評価すればよいでしょうか。

　政府部門は財政収支赤字で新規国債を発行してファイナンスする状態が続いており，政府債務はGDPの200％を上回っています。一方で民間部門をみると，家計そして企業までも貯蓄を増やしており，民間部門の収支（投資・貯蓄バランス）は大幅な黒字です。ここで，民間部門の収支（貯蓄マイナス投資）と政府部門の収支（税収マイナス政府支出）の合計は，海外部門の収支（＝経常収支）に相当します。すなわち，

$$\text{「貯蓄−投資」}+\text{「税収−支出」}=\text{「経常収支」} \tag{5.1}$$

という関係があり，民間部門の大幅な黒字の結果，日本の経常収支は黒字基調が維持されています。

　そして経常収支の黒字は，日本経済全体の純資産である対外

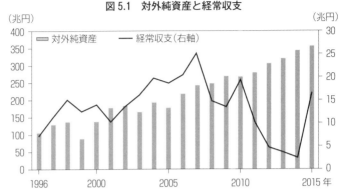

図 5.1 対外純資産と経常収支

(注) 対外純資産は年度末（2015 年は 9 月末の確報値），経常収支は暦年。
(出所) 日本銀行「資金循環統計」，財務省「国際収支統計」。

債権を増やします。図 5.1 に示されているように，経常収支は，最近の原油安による追い風もあって黒字基調が維持されており，対外純資産も高い水準で推移しています。経常収支改善の背後には，日本企業がグローバル化を加速させて海外で所得を稼ぎ，所得収支が持続的に改善していることも忘れてはなりません。経常収支の黒字基調が続き，対外純資産の蓄積が進むことは，日本経済全体の中長期的な信認の確保につながります。日本経済の信認が全体として維持されることは，その一部をなす国家財政の破綻リスクを抑制するでしょう。

このように考えると，非伝統的な国債買入れを継続するもとで実施される財政政策は景気刺激効果が高く，また現状では財政破綻リスクも抑制されていることになります。いいことずくめのようにみえますが，しかし，必ずしもそうではありません。それは，現在の経済構造や法制度を前提とすれば，という条件付きの話であるという点に注意が必要です。

どういうことか説明しましょう。このようなメリットが仮に長期的に続くとすると，政府当局の行動が変化して（つまり経済構造が変化して）財政規律を緩めてしまう，中長期的な財政健全化を目指さなくなって安易な財政拡大志向を強める――あるいはそうした政府を国民が選んでしまう――という可能性が否定できないからです。海外経済の減速が続く現在，柔軟な財政政策運営が少なくとも短期的には求められており，実際高い効果をもたらすことも期待されます。そうしたなか，仮に金融と財政両面から景気刺激のアクセルを踏み続けたときに，将来，そうしたマクロ政策運営を妥当な範囲でコントロールする制度的なルールや責任体制を確保できるのか，それは100％保証されているわけではありません。政府が財政規律を緩め，また決してあってはならないことですが，政府・国会が法改正などを行って財政政策が金融政策を従属させるようなことが万が一起これば，経済構造は一変するでしょう。

　2013年1月に公表された政府と日本銀行の政策連携（「共同声明」）では，政府と日本銀行それぞれの役割と責任が明記されています。日本銀行は2％物価安定目標のできるだけ早期の実現を目指して努力する，そして政府は，規制・制度改革など経済の構造改革を実行するとともに，持続的な財政構造を確立するための取組みを推進することが確認されています。こうした各政策当局の役割と責任が今後ともしっかり維持されることが，財政ファイナンスのリスクを顕現化させないために，きわめて重要です。

2 「長期停滞経済」の特徴

米欧経済にもうかがわれ始めた「長期停滞」論

ここでは,副作用との関係で理解しておくべき「長期停滞経済」について説明します。「長期停滞」といえば,日本経済がバブル崩壊後に長く経験した景気の低迷そのものですが,最近では米欧経済の緩慢な景気回復ペースを理解するキーワードとして知られています。実際,世界金融危機後の米欧経済は,いまその状況と酷似する「長期停滞(secular stagnation)」と称される経済構造へと変化している可能性があります。こうした経済構造のシフトの可能性は,先に述べてきた副作用を評価する際にも,考慮されなければなりません。

本節では,現在の長期停滞論の中心である米国経済を題材に,その特徴について整理したいと思います。その特徴は,日本の長期デフレ停滞にも共通するもので,筆者も以前から議論を続けてきました[4]。

日本の経験を踏まえつつ,長期停滞経済の特徴を私なりにまとめると,おおむね次の3点に要約できると考えています。

1. 経済は需要面,供給面ともに停滞する。
2. 需要面と供給面は相互に作用して停滞をさらに長期化させる。
3. 企業行動は慎重化して現金保蔵を増やす。

以下これらの特徴について,主として米国での議論を中心に,

---

4) 宮尾(2005, 11章),宮尾(2006, 8章)などをご参照ください。

説明します。

第1の特徴:経済は需要面,供給面ともに停滞する

　米国経済は,2008年秋のリーマンショックから7年以上が経過しましたが,ショック後の混乱が収まった後は,とにもかくにも緩やかな景気回復が続いてきました。しかし,その回復ペースを,雇用を中心に「着実なしっかりとしたもの」とみるか,賃金や物価がなかなか高まらず,「その回復は緩慢で期待外れ (mediocre)」とみるかで意見が分かれています。

　最近は,後者の「期待外れ」とする見方が徐々に勢いを増してきているように見受けられます。図5.2には米国の実質GDPのデータが示されていますが,リーマンショックによって落ち込んだ景気は,かつての成長トレンド線には戻らず,低調な回復ペースであるようにみえます。

図5.2　米国GDP
―実質GDP, 四半期, 1990〜2015年―

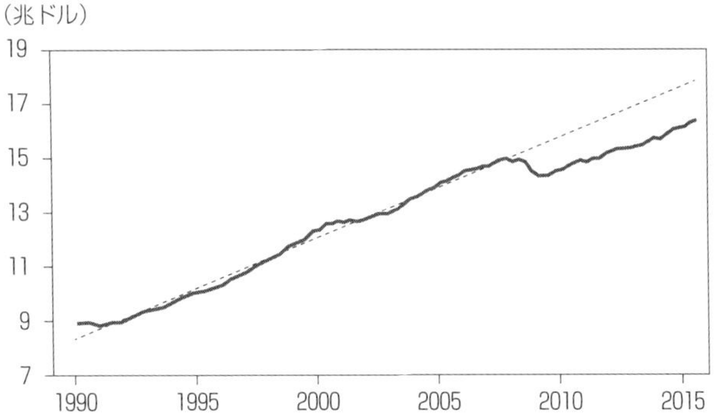

(注)　点線は1990〜2008年第3四半期までの線形トレンド。
(出所)　US Bureau of Economic Analysis.

そうした見方の代表的な議論が，かつてクリントン政権時代に財務長官を務めたサマーズ教授などが提唱する「長期停滞論（secular stagnation）」です（Summers, 2014, 2015 など）。サマーズ教授は，緩慢な景気回復の主たる原因は，経済の需要面，すなわち持続的な需要不足であると主張します。需要不足，とりわけ設備投資の不足から，均衡の実質金利（自然利子率）が低下してきていると論じます（前章の図 4.2 を用いて説明すると，投資曲線 $I(r)$ が下方にシフトし，自然利子率 r^n が低下します）。そこで政策処方箋としてサマーズ教授は，整備が遅れているインフラ投資などの公共投資の拡大を提唱します。

　一方，スタンフォード大学のゴードン教授はイノベーションの不足が主要因であるとし，供給サイドの低迷を重視します（Gordon, 2015 など）。過去に起こった産業革命を振り返ると，蒸気機関，産業化・工業化，そしてデジタル・コンピュータ革命と 3 つの大きな革命の波が続いてきました。しかし最近のデジタル革命によるベネフィットは，オフィスの効率性改善や卸小売業の生産性向上などすでに十分に行きわたり，今後伸びる余地は少ないとゴードン教授は主張します。

　このように持続的な停滞の要因として，需要面，供給面それぞれに焦点を当てる議論がありますが，現実には，おそらくどちらの面も低迷しているとみられます。金融危機後の経済は，過剰設備や過剰債務の調整（デレバレッジ）に時間を要し，前向きな新規設備投資や研究開発投資などが停滞します（需要面の低迷）。そして，バランスシート調整を優先する結果生じるイノベーションや研究開発の減退は，生産性の伸びの鈍化につながります（供給面の低迷）。経済の需要面，供給面がともに低

迷するというのが，長期停滞経済の第1の特徴です。

第2の特徴：需要面と供給面は相互作用し停滞はさらに長期化する

　そのうえで，需要面と供給面が相互に作用して停滞が持続することがあげられます。これが長期停滞経済の第2の特徴です。

　まず需要面から供給面への作用は「履歴効果（hysteresis）」と呼ばれます。履歴効果のメカニズムの1つには，失業が長期化することで労働者のスキルが失われ，生産性が低迷するという経路があります。別のメカニズムとしては，設備投資の低迷は資本ストック成長を抑制し，潜在成長率（つまり経済の供給面）を抑制するという経路があります。新規設備投資には新技術が体化されているので，設備投資の伸びの鈍化は全要素生産性の停滞をももたらす可能性もあります。サマーズ教授は米国の景気回復の鈍化における履歴効果の重要性を強調しています。

　需要面と供給面の相互作用の問題は，日本の長期デフレ停滞（「失われた10年／20年」）で実際にみられた現象であり，私たち日本人にとってみれば，大変身近に感じられます。需要面から供給面への履歴効果の面では，設備投資の鈍化が続き，潜在成長率の低迷につながりました。前章の図4.3でも，1990年代，資本設備の伸びの鈍化が潜在成長率の低迷に寄与しています。

　それに加え，日本では，供給面から需要面への作用も重要であったとみられます。不良債権の処理に時間を要し，本来なら退出すべき非効率な企業（いわゆる「ゾンビ企業」）が長く存続することにより，資源配分は非効率化し，生産性は低迷しました。そうした供給面の悪化は，企業の将来収益や家計の恒常所得に対する見通しを悪化させて，支出（つまり需要）を抑制し

図 5.3 日本の長期デフレ停滞のメカニズム

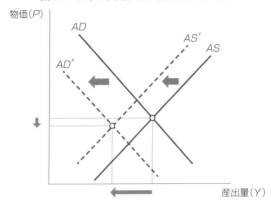

てきたと考えられます。

また，こうした相互作用によって強められた需要，供給両面の低迷は，日本の物価下落が小幅にとどまったことも整合的に説明します。経済全体の総供給と総需要がともに減少すると，GDPは大きく落ち込む一方，物価下落は小幅にとどまることになります。図5.3には，縦軸に物価，横軸に産出量を取った総需要曲線（AD）と総供給曲線（AS）を描いています。総需要，総供給の低迷は，AD曲線とAS曲線がともに左シフトすることを意味します。その結果，景気は大きく落ち込む一方，物価の下落は小幅にとどまります。こうした需要面と供給面の相互作用を示唆するような実証結果も示されています[5]。

---

5) 宮尾（2006, 8章），宮尾（2011）では，GDPギャップと全要素生産性を含む時系列モデルを推計し，以上のメカニズムが働いていたことを示唆する実証結果を報告しています。

第3の特徴：企業行動は慎重化して現金保蔵を増やす

 さらに問題は，相互作用も加わって需要・供給の両面の停滞が長引くと，企業行動の慎重化傾向も継続する点で，これが長期停滞経済の3つめの特徴です。たとえバランスシート調整を終えて企業収益が順調に回復しても，長引く停滞を経験した企業は設備投資や賃金増に資金を積極的に振り向けない傾向がみられます。そうした慎重姿勢が続く結果，企業貯蓄・現金保蔵は積み上がることになります。米国では，図5.4に示されているように，過去5～6年，雇用情勢の着実な改善（失業率の低下）が続く一方，賃金の伸びが緩慢であり，企業の賃金支払いに対する慎重姿勢が継続している様子がうかがわれます。

 日本では，長く続いた過剰設備・過剰債務の調整を終え，金融システムも健全化し，特にここ2～3年企業収益の改善傾向が顕著です。図5.5には，企業収益（売上高・経常利益率）と

図5.4 米国の雇用情勢と賃金上昇率

（出所） US Bureau of Labor Statistics.

図 5.5　日本の企業収益と設備投資
—1994 ～ 2015 年—

(出所)　財務省「法人企業統計」, 内閣府「国民経済計算」。

企業設備投資が示されています。企業部門のファンダメンタルズの改善は, 景気回復を持続的に支える原動力です。バブル崩壊後のバランスシート調整とリーマンショックによる影響によって低迷が続いた企業設備投資ですが, 企業収益というファンダメンタルズの改善に伴って, 緩やかに回復してきました。図 5.6 に示されるように, 需給ギャップもほぼ均衡するなど総需要の回復基調も続いており, 図 1.3 で示したように, 消費者物価上昇率も上昇に転じてきています。したがって, もはや図 5.3 で示した停滞メカニズムはみられません。その意味では, 日本は長期デフレ状況から脱出したと見受けられます。

　一方で, 米欧経済の長期停滞論が広まるなかで, 日本の企業部門がかつての慎重な行動に逆戻りしかねないという点にも留意が必要です。実際, 企業部門の現預金残高は近年増加基調が

図 5.6 日本の需給ギャップ
—1986〜2015年—

(出所) 生産関数アプローチに基づき筆者推計。4章の注4)を参照。

続いており，現金保蔵意欲が高まってきている様子が見て取れます（図 5.7）。経済のファンダメンタルズが改善し，賃上げや設備投資などの前向きな取組みが徐々に広がる一方で，底流においては基本的な慎重姿勢を実は大きく崩していないのかもしれません。わが国の企業部門は，長期停滞経済の特徴を根底には一部残しているのかもしれないのです。

　以上，「長期停滞経済」に共通してみられる特徴について説明しました。非伝統的金融政策の副作用を論ずるときには，米国，欧州など海外主要国がこうした経済構造へと変化している可能性を——それはまた日本の経済構造にも影響を及ぼす可能性があるという点を——，十分に念頭に置く必要があります。

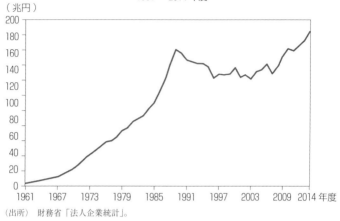

図 5.7　日本企業の現預金
—1961 〜 2014 年度—

（出所）　財務省「法人企業統計」。

3　出口戦略をめぐって懸念される問題は何か

　非伝統的金融政策が抱える副作用の最後の論点として、「出口戦略」をめぐる問題について検討します。景気回復や物価上昇の勢いが増し、目標達成が視野に入ってくる局面では、非伝統的な政策をどのような手順で正常化していくのか、それをどのようなタイミングで公表すべきか、つまりどのような「出口戦略」を採用するのかが重要な問題となります。

　本節では、非伝統的金融政策の出口戦略や正常化に関するいくつかの疑問に焦点を当てて、検討したいと思います。具体的には、①出口戦略を事前に策定し公表すべきではないか、②出口の際に巨額の国民負担（財政負担）が発生するのではないか、

③出口の際に財政ファイナンスの問題が浮上するのではないか,といった問題です。では順に検討していきます。

①具体的な出口戦略を事前に策定し公表すべきではないか

非伝統的金融政策の全体像について,基本的な考え方を示すことは重要です。出口戦略を含む全体像がわかれば,将来見通しの形成も容易となり,政策に対する人々の不安も和らぐというメリットが期待されます。

非伝統的金融政策の正常化に関する基本的な考え方は,先に正常化を進めている米国 FRB の事例が参考になります。FRB が発表した正常化プラン（2014 年 9 月公表),そして実際米国がこれまで実施してきた正常化のステップをまとめると,次のようになります。

(i) 資産買入れの段階的な縮小（tapering）を開始
(ii) 満期が到来した資産の再投資を行い,バランスシートの水準を維持
(iii) 政策金利の引き上げ
(iv) (ii) の再投資を減額・終了することで,バランスシートの水準を徐々に縮小

FRB は,2013 年 12 月資産買入れの縮小を開始し（ステップ (i)),2014 年 10 月資産買入れを終了して資産の再投資に移行しました（ステップ (ii))。そして 2015 年 12 月政策金利の利上げを実施しました（0 〜 0.25％から 0.25 〜 0.5％のレンジへ引き上げ,ステップ (iii))。日本でも,FRB の基本的な考え方などを参考にしつつ,将来の正常化プロセスについて,検討されています。

しかし中央銀行内部で検討することと，具体的な出口戦略を対外的に公表することとは別の問題です。実際に公表するとなれば，きわめて慎重な対応が必要となります。

　出口戦略とは，将来の経済に一定の前提を置いて，将来の政策経路そのもののシナリオ，あるいは将来の政策反応——金融政策は景気や物価・インフレ率などにどのように反応するか——の具体的な案を示すことを意味します。経済の前提には，原油価格動向や世界経済の回復ペース，米国の金利動向など，さまざまな外生的な要因やパラメターがあり，しかもそれらの数年先の状況を想定するだけでも数多くのシナリオがありえます。経済の先行き見通しと経済構造にさまざまなシナリオと不確実性があるなかで，対外的に公表できるような具体的な出口戦略を作成することは，決して容易な作業ではありません[6]。

　実際，米国では，最初の利上げを実施して以降，今後の利上げをどのようなペースで行うかが大きな問題となっています（上記ステップ（iii）の具体的な利上げシナリオ）。先に述べた「長期停滞」と称されるような緩慢な景気回復のもとで，FRBが当初表明していた利上げペースに関するメインシナリオは，大幅な修正が余儀なくされています。

　この点，補足しましょう。利上げを行った 2015 年 12 月時点の政策金利見通しによれば，「2016 年末の政策金利は 1.25 〜

6）　米国では 2011 年 6 月，FRB が最初の「出口戦略の原則」を公表しましたが，その後大規模資産買入れ第 3 弾（LSAP 3）を実施したためにその内容も変更され，2014 年 9 月に新たな正常化プランを公表したという経緯があります。この米国の経験は，出口戦略を事前に公表することの難しさを如実に物語っています。

表 5.1　米国の政策金利見通し
―政策委員会メンバーによる予測の中央値，各年末―

予測を行った政策委員会の時点	2015年 （利上げ回数）	2016年 （利上げ回数）	2017年 （利上げ回数）
2015年3月	0.5～0.75% （2回）	1.75～2.0% （5回）	3.0～3.25% （5回）
2015年12月	0.25～0.5% （1回）	1.25～1.5% （4回）	2.25～2.5% （4回）
2016年3月	---	0.75～1.0% （2回）	1.75～2.0% （4回）

(出所)　Federal Open Market Committee Projections Materials, FRB.

1.5％程度」という予測が公表されていました（政策委員会メンバーの中央値。表5.1を参照）。すなわち，1回につき0.25％刻みで変更されるとすれば，2016年末までに合計4回の利上げが実施されるという見通し（将来にわたる金融引締めのフォワードガイダンス）が，当局のメインシナリオとして，全世界に発信されてきたことになります。それ以前から同様の政策金利見通しは公表されていましたが，実際に利上げが始まったことで，そのガイダンスがより強く意識されたと思われます。

こうした利上げ見通しは，ドルとの連動制の高い新興国・資源国に無視しえない影響を及ぼしたとしても不思議ではありません。中国など新興国では資本の流出と通貨安を引き起こし，ドルと負の相関の強い資源価格も年初以降その水準を切り下げてきました。基軸通貨国によるハイペースの利上げ見通しは，グローバルな金融環境をタイト化させ，世界経済の下振れ要因として作用してきたとみられます。FRBは2016年3月半ばの決定会合において，グローバル経済と金融市場動向をリスク要

因として明記し,その金利見通しを大幅に引き下げました(表5.1の太字部分を参照)。これまで年4回としていた利上げ見通しを,年2回という中心シナリオに引き下げ,市場では,事実上の金融緩和と受け止められています。

FRBの利上げ予測の修正は,非伝統的金融政策の先行き見通しの公表,すなわち一連の出口戦略・正常化に関する具体案の公表が,いかに不確実性を伴うものかを例示しています。先行きの金融政策は,いくら具体的な情報を事前に公表したとしても,最終的には経済情勢次第で柔軟に判断される余地が残されています。事前に100%確定的な政策経路や政策反応を示すことはできません。

その原則は伝統的な政策の場合も同じですが,伝統的政策では「テイラー・ルール」のようなある程度安定した政策反応関数を想定し,それに沿って人々が将来の政策を予想することが可能でした。しかし非伝統的な金融政策の場合,人々の予想形成に資するような安定した政策反応関数を想定することはきわめて困難です。そして経済・物価の見通しそのものが,かつてよりも大きな不確実性にさらされています。そうしたもとで,将来の政策経路や正常化計画の具体案を示しても,そのとおりに進まない蓋然性は高いでしょう。具体的な情報発信が,その意図に反して,かえって市場の変動を増幅することにもなりかねません。米国の利上げ見通しの公表とその修正は,その典型例のように思えます。

以上の検討から,将来の正常化や出口戦略に関する情報発信は,基本的な考え方や大枠を示すことはできても,具体的な政策経路や政策反応を公表することは,きわめて慎重に検討すべ

②出口の際に巨額の国民負担（財政負担）が発生するのではないか

　非伝統的金融政策の出口に関する別の疑問は，出口の際に巨額の国民負担（財政負担）が発生するのではないかという懸念です。この問題は 2 種類の懸念が合わさっています。1 つは，長期金利が上昇することで，債券の価格が下がり，中央銀行が保有する国債の評価損が出るのではないかという問題，もう 1 つは，政策金利の引き上げの際，準備預金に付与されている金利（付利金利）が引き上げられると，金融機関への利払いコストが増加する，ひいては政府に収める納付金が減少して財政負担が発生するという問題です。

　第 1 の問題は，確かに国債を途中で（満期を迎える前に）売却する可能性が高い場合には，懸念すべき問題です。しかし現実の出口戦略として，たとえば米国の正常化プランと同様のアプローチに従うと想定する場合，市場での途中売却は実際には想定されていないように見受けられます。日本銀行でも，満期保有が前提とされる「償却原価法」と呼ばれる会計制度が適用されています。もちろん途中売却が完全に排除されているわけではありませんが，長期国債を市場で売却して長期金利の急激な引き上げが必要となるような状況とは，短期金利の継続的な引き上げでは間に合わないほど景気や資産価格が過熱し，信用が拡大するような場合と思われます。それは出口を迎える際の経済構造や経済情勢次第ですが，そうした経済状況が発生するリスクが限定的であれば，この第 1 の問題に関するリスクも抑制されることになります。

第2の問題は，政策金利の引き上げの場合に，付利の引き上げが用いられる場合に発生します。付利を引き上げると，巨額に膨れ上がった準備預金に付利を乗じた金額を金融機関に支払わなければなりません。その結果，中央銀行は多大な費用を計上し，政府へ納める国庫納付金は減少する，あるいは自己資本を取り崩すことになる可能性があります[7]。

　この問題は，正常化のプロセスにおいて，どのようなペースで利上げが必要かによってその評価が変わってきます。勢いよく経済が拡大し，賃金や物価も加速して上昇していくと見通されるのであれば，ハイペースで確実な利上げが必要となるでしょう。その場合，通常の資金吸収オペに加えて，付利を同時に引き上げる（コールレートのフロアーも同時に引き上げる）ことになります。しかし，企業・家計の慎重姿勢が継続し，景気拡大が加速しないなかで正常化を進めるのであれば，むしろ景気回復の勢いを殺さないように，慎重なペースでの利上げが望ましい対応となります。

　したがって，この問題のリスク評価も，正常化局面における景気回復の力強さや賃金・物価上昇の程度，つまり経済構造に依存することになります。

---

[7]　現在のようなバランスシート政策では，中央銀行の収益はその実行時に押し上げられ，出口の際には押し下げられることになります。2015年，日本銀行は債券取引損失引当金を拡大して，量的・質的金融緩和政策によって高まった収益をより多く積立てられるようにしています。したがって財政負担への影響も過去の収益増とあわせて判断することが重要です。

③出口の際に財政ファイナンスの問題が浮上するのではないか

　財政ファイナンスのリスクについては、本章1節で議論したとおり、現在の経済構造や法制度を前提とすれば、抑制されていると考えられます。

　一方、出口を迎える際に懸念されるのは、出口前後の経済状況のもとで、こうした経済構造や法制度、あるいは政策連携のあり方が変わるかもしれないという点です。その典型的な議論としては、出口を迎えてインフレ抑制・利上げが必要になったとき、政府の財政状況への配慮から日本銀行は必要な利上げを実施できないのではないか、財政当局に配慮した（または従属する）金融政策運営を実際には行わざるをえないのではないか、という問題が指摘されてきました。

　繰り返しになりますが、海外経済は、先進国の「長期停滞論」と新興国・資源国の減速長期化が懸念される状況にあり、大規模な非伝統的金融政策からの正常化プロセスを踏み出した米国でさえ、長期金利は2％を下回るきわめて低い水準にとどまっています[8]。仮に日本が出口を迎える時期に、海外経済が力強く拡大し主要国の長期金利もハイペースで上昇を続けていく状況にあれば別ですが、世界的に緩慢で「期待外れ」の成長が続くのであれば、海外の長期金利も緩やかな上昇ペースにとどまるでしょう。先ほど触れたように、基軸通貨国である米国が利上げを急げば、新興国や資源国経済の回復にはそれだけブ

---

8) 2016年6月24日の国民投票の結果、英国はEUから離脱する見通しとなり、世界経済の不確実性はさらに高まっています。リスク回避姿勢が強まり、米国の長期金利は2016年6月末現在、1.4％台にまで低下しています。

レーキがかかるため,その面からも世界経済は,構造的・持続的に成長が緩慢となり長期金利も上がりにくい素地があるとみられます。グローバルに景気回復基調が緩やかであれば,わが国の出口におけるインフレ抑制の必要性も一定範囲内に収まり,財政の持続可能性が問題となるような長期金利の高騰も起きにくいと予想されます。

　しかしそのうえで,先に議論したように,将来望ましくない方向に諸制度や金融・財政政策のあり方が変わってしまう可能性は完全には排除できません。きわめて低水準の金利環境が続き,柔軟な財政政策運営が短期的に求められるなかで,政府の財政規律が緩まないかどうか,そして万が一にも財政が金融政策を従属させるような制度変更が起こらないかどうか,監視を続ける必要があります。国民一人一人が日頃からこうした意識を持ち続けて,政府・中央銀行の行動を注視し続けることが何よりも重要です。

　以上,出口戦略あるいは正常化に際して懸念される事項について検討してきました。出口を迎える時期については,もちろん日本経済の今後の景気回復ペースに依存します。そしてそれは,海外経済の回復ペースにも少なからず左右されるでしょう。海外経済の動向に高い不確実性があるなかで,米国は利上げ見通しを大幅に下方修正し,金融政策の正常化プロセスは当初の想定よりも相当長い時間がかかっています。こうした状況に鑑みると,わが国においても,非伝統的金融政策とは今後長期にわたり付き合っていくことになるかもしれません。金融政策,そしてマクロ経済政策運営の立案や判断には,こうした可能性を十分に念頭に置く必要があると思われます。

第5章のポイント

- 非伝統的金融政策の副作用として，特にマクロ経済への影響の観点から，①インフレ高騰，②資産価格バブル，③財政ファイナンスという3つのリスクについて検討した。

- インフレ高騰のリスクは，当初米国で懸念された問題である。「期待外れ」の景気回復のもとで賃金上昇も緩やかであり，インフレが高騰するリスクは抑制されているとみられる。

- 資産価格バブルへの注意は怠れない。ただし潜在成長率が高まりにくい経済構造を前提とすれば，将来への期待が過度に強気化して信用バブルが発生するような大規模な金融不均衡は起こりにくいとみられる。

- 財政ファイナンスのリスクについても慎重な検討を必要とする。これは，大規模な国債買入れが財政規律の低下を招き，国債利回りのリスクプレミアムが上昇するリスクである。わが国では，現状，経常収支黒字・対外純資産が維持されておりリスクは抑制されているが，財政政策が金融政策を従属させるといった制度変化のリスクに対して監視は怠れない。

- 世界金融危機後のグローバル経済は，「長期停滞（secular stagnation）」と称される経済構造へと変化している可能性がある。こうした可能性は，非伝統的金融政策の副作用を評価する際にも考慮されなければならない。

- 出口戦略あるいは将来の正常化の際に懸念される問題も，今後の景気回復ペースに依存する。海外経済に高い不確実性があるなかで，米国の正常化プロセスは想定以上に時間がかかっている。わが国の出口戦略にも重要な意味合いを持つ。

第6章

マイナス金利政策の影響は何か

はじめに

　本章では，2016年1月に導入されたマイナス金利政策に焦点を当て，その影響について検討します。

　マイナス金利政策とは，日本の場合，民間金融機関が日本銀行へ預ける準備預金（日銀当座預金）のごく一部にマイナスの金利を課すという政策です。後ほど紹介するように，マイナス金利政策は欧州でも採用されており，日本が初めてというわけではありません。

　その基本的なねらいは金利体系を全般的に引き下げ，金融環境をさらに緩和的にしようというものです。短期の政策金利をマイナスにし，長期金利のさらなる低下を促すことで，企業・家計の借入と支出を刺激し，景気回復のメカニズムを後押しするという効果が期待されます。また，長期国債利回りのさらなる低下・マイナス化は，資産価格（株価や為替レート）へのプラス効果ももたらし，金融環境をさらに緩和的にするはずです。

　これらはスタンダードな効果波及経路をさらに強化するものであり，また金利を政策手段に加えたことから「伝統的な金利政策が復活した」と歓迎する声も聞かれました。実際，金利体系は全般的に急低下し，負債を抱える企業のなかには超長期社

債を発行してメリットを享受する先も現れてきました。住宅ローンの借り換えも活発に行われています。

　一方で，デメリットとして懸念されているのは，まず，もともと低かった預金金利が一層下がり，個人や年金生活者の不安や不満が広がったことです。預金金利自体はもともとゼロに近かったため，そのこと自体の追加的なデメリットはさほどではないかもしれませんが，人々が不安を感じて支出や投資を控える恐れがあります。

　次に懸念されるのは，金融機関の収益への影響です。まず，−0.1％のマイナス金利が適用される日銀当座預金額ですが，後ほど詳しく述べるように，それは全体の260兆円のうち10兆円程度（政策開始時点，2016年2月）で，今後も10兆〜30兆円の範囲内に収めることが表明されています。したがって，マイナス金利がもたらす金融機関の収益に及ぼす直接的な影響はさほどでもありません。

　しかし，後ほど詳しくみるように，マイナス金利の導入によって，10年債の利回りまでもがマイナスになり，貸出金利も強い低下圧力にさらされています。国債利回りや貸出金利の低下といった間接的な影響を含めて考えると，金融機関収益への下押し圧力は，今後強まっていくことが懸念されます。

　日本の金融システムは全体として豊富な自己資本を有しており，加えて大手行などは高い収益力も有しています。政策効果が発揮されて景気がよくなれば，金利はやがて上昇するので，金融機関収益も上向くでしょう。しかし，なかなか景気回復が進まず，マイナス金利政策が長期化し，主要な国債利回りのマイナスが今後も続くことになれば，金融機関の収益を持続的に

圧迫することになります。その結果，金融機関はさらに激しい貸出競争や過度なリスクテイクに追いやられるかもしれません。年金基金の運用利回りも顕著に低下するため，人々は逆に将来不安を感じて，支出や投資行動を控える恐れもあります。

　マイナス金利政策の導入が原因となって，日本の金融や経済に対する不安や不確実性（つまりリスクプレミアム）が高まることになれば，それはマイナス金利付き量的・質的金融緩和政策に内在する潜在的な副作用とみなされなければなりません。リスクプレミアムが高まれば，本来，長期国債利回りの低下によって得られるはずの資産価格へのプラス効果——金融環境への緩和効果——も減殺してしまうことになります。こうした副作用は，マイナス金利をさらに引き下げ，あるいは長期化すればするほど大きくなることが懸念されます。

　本章では，こうした問題も念頭に置きながら，マイナス金利政策の影響，とりわけ金融市場へ及ぼす効果に焦点を当てて考察します。

　なおいうまでもなく，本章で検討するマイナス金利政策の影響は，金融環境への効果を中心とした暫定的なものであり，最終的・確定的な評価を議論するものではありません。特に，最終的な実体経済への効果の発現には相応の時間がかかります。また，欧州では，マイナス金利政策によって不動産市場における過熱やバブルが懸念されています。金融機関収益への持続的な下押し圧力とあわせて，より長い目でみたリスクをどう評価するかも重要な課題です。今後の状況の推移を注意深く点検し，分析・評価されなければなりません。

1 マイナス金利政策とは何か

準備預金には「付利金利」が付与される

　マイナス金利政策を一般的に定義すると，それは準備預金（民間金融機関が中央銀行へ預ける預金，日本では日銀当座預金）に付与される金利をマイナスにするという政策です。

　ここで登場する「準備預金に付与される金利」は，「付利金利」（あるいは「付利」）と呼ばれます。マイナス金利政策を具体的に理解するために，まずこの付利金利の説明から始めたいと思います。

　付利金利は，準備預金のすべてに適用されるのではなく，法律で定められた最低限必要な準備預金（法定準備預金）を上回る部分——超過準備——に適用されます。付利金利は，次に述べるように，政策金利の変動幅の下限を設定する役割を果たします。付利の制度は，日本では，2008年10月に始まり，付利金利の水準は＋0.1％に設定されました（当時の政策金利の水準は＋0.3％）。付利金利を導入してコールレートの変動をある一定の範囲内に抑えることで，政策の効果を高めようとするのがその基本的なねらいです。

　付利金利が政策金利の下限の役割を果たすのは，次のような理由からです。法定準備を上回る資金がある場合，金融機関はそれを日銀に預ければ＋0.1％の利子が必ず受け取れます。余剰資金を持つ金融機関はコール市場で資金の運用を行いますが，＋0.1％を大きく下回るコールレートで運用することはしないでしょう。つまり，金融機関の余剰資金がどれだけ増えても

コール市場で成立する金利は付利金利の水準に引き戻される力が働くため，付利金利が政策金利の事実上の下限を設定する効果を持つのです。

こうした付利金利をマイナスにするマイナス金利政策は，欧州で世界に先駆けて導入されました（「Box 欧州のマイナス金利政策」参照）。最初に導入されたのは2009年のスウェーデンですが，その後2012年にデンマーク，2014年に欧州中央銀行，そしてスイスといった具合に採用国が広がりました。とりわけ欧州中央銀行が2014年にマイナス金利を導入して以降は，他の国々も追随してマイナス金利を（再）導入し，その後も順次引き下げている様子が見て取れます。

マイナス金利政策は付利金利をマイナスにする

では，マイナス金利政策とは何かについて，基本的な考え方から説明しましょう。マイナス金利政策は，冒頭で述べたとおり，付利金利をマイナスにするという政策です。以下では，このマイナス金利政策の役割を理解するために，1章で用いた準備預金市場の概念図（図1.4，図1.5）を使って説明します。

図6.1は，準備預金市場の需給を表しています。横軸には準備預金量，縦軸にはコールレートが取られ，準備預金に対する需要曲線（R^D，右下がりの直線），そして準備預金に対する供給曲線（R^S，垂直の線）が描かれています。

そして，付利金利の水準が水平の線で描かれています。これがコールレートの事実上の下限に相当し，準備預金に対する需要はその下限金利のところで屈折し水平になると想定します。つまり，コールレートが付利金利の水準に到達し，それをさら

Box 欧州のマイナス金利政策

欧州では、世界金融危機以降、マイナス金利政策が世界に先駆けて導入されています。実施時期の早い順に、スウェーデン（リクスバンク、2009年8月）、デンマーク（デンマーク国立銀行、2012年7月）、欧州（欧州中央銀行、2014年6月）、スイス（スイス国立銀行、2014年12月）の4カ国です。

いずれの国でも、準備預金（の一部）に対して課される付利金利をマイナスにする方式で実施されています。なかでも、スウェーデン、デンマーク、スイスでは、準備預金がいくつかの階層に分かれて、そのなかの1つにマイナス金利が適用されており、日本の階層方式と同様のスキームです。

各国について、マイナス金利の導入時期と金利水準の詳細は表のとおりです。特に欧州中央銀行が2014年6月にマイナス金利を導入したことを契機に、他国もそれに追随する形でマイナス金利を（再）導入している様子が見て取れます（下線部の時期）。

表6.1 欧州のマイナス金利

(1) スウェーデン		(2) デンマーク	
2009年8月～2010年9月	：−0.25%	2012年7月～2013年1月	：−0.2%
2010年9月～2014年7月	：プラス金利	2013年1月～2014年4月	：−0.1%
<u>2014年7月～2014年10月</u>	：−0.5%	2014年4月～2014年9月	：プラス金利
2014年10月～2015年2月	：−0.75%		（+0.05%）
2015年2月～2015年3月	：−0.85%	<u>2014年9月～2015年1月</u>	：−0.05%
2015年3月～2015年7月	：−1.00%	2015年1月～2015年2月	：−0.5%
2015年7月～2016年2月	：−1.10%	2015年2月～2016年1月	：−0.75%
2016年2月～現在	：−1.20%	2016年1月～現在	：−0.65%
(3) 欧州中央銀行		(4) スイス	
<u>2014年6月～2014年9月</u>	：−0.1%	<u>2014年12月～2015年1月</u>	：−0.25%
2014年9月～2015年12月	：−0.2%	2015年1月～現在	：−0.75%
2015年12月～2016年3月	：−0.3%		
2016年3月～現在	：−0.4%		

図6.1 マイナス金利政策

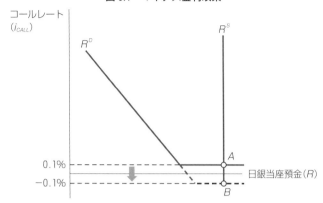

に超えて準備預金が供給されれば、コールレートは基本的にそれ以下には下がらず、供給に応じて準備預金が増えるだけの状況となります（図6.1の A 点）

そのもとで、マイナス金利政策の影響を考えましょう。いま具体的に、付利金利が+0.1％から-0.1％へ引き下げられたとします。するとコールレートの下限金利が+0.1％から-0.1％へと低下し、図の水平の線が下方にシフトすることになります。したがって、コールレートも-0.1％の下限金利に向かって低下することになります（図6.1の A 点から B 点に移動）。実際日本のマイナス金利政策では、マイナスの付利金利は準備預金のごく一部にしか適用されないためやや注意が必要ですが、コールレートには明確な低下圧力がかかります。この点は後ほど詳しく説明します。

もう1つ留意点をあげると、マイナス金利政策（付利金利の低下）によってコールレートは低下しますが、その際、準備預

金の供給（あるいはマネタリーベース）の増加は伴っていないという点です。日本のマイナス金利政策は、量的・質的金融緩和に追加される形で導入されたため、大規模な長期国債買入れは継続しており、日銀当座預金の供給は増加しています。しかし、マイナス金利政策だけを取り出してその効果を議論するのであれば、資産買入れの効果とは区別して、付利金利引き下げの効果——図6.1のA点からB点へのシフトによる影響——だけを議論しなくてはなりません。

日銀当座預金は3つの「階層」に分けられる

日本のマイナス金利政策について、さらに詳しく説明しましょう。日本の場合、マイナス金利は、超過準備預金全体に課せられるのではなく、その一部に適用されます。具体的には、日銀当座預金が3つの「階層」に分けられて、マイナス金利はその1つの階層に適用され、大半は従来の付利金利である＋0.1％の金利が維持されます。

図6.2には、マイナス金利導入時点（2016年2月時点）の日銀当座預金残高に基づき、3つの階層——「＋0.1％部分」、「0％部分」、そして「マイナス金利（−0.1％）部分」——が示されています。全体の日銀当座預金260兆円程度のうち、「＋0.1％部分」は210兆円程度で、この残高は基礎的な部分として将来にわたり維持されます。つまり金融機関全体として、これまで受け取っていた利子収入の大半は今後も維持されるのです。次の「0％部分」は40兆円程度で、必要準備預金額（約9兆円）とそれ以外に日銀が成長支援目的で供給した資金など（30兆円程度）が含まれます。そして最後の「マイナス金利

図 6.2　日銀当座預金の「3つの階層」とマイナス金利部分

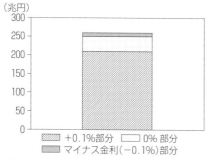

（注）2016 年 2 月時点。

（−0.1％）部分」は 10 兆円程度で，全体のごく一部であることがわかります。

　今後，長期国債の買入れが進むにつれて全体の日銀当座預金残高は拡大し（年間 80 兆円，3 カ月で 20 兆円のペース〈2016 年 5 月現在〉），この「マイナス金利（−0.1％）部分」の大きさも徐々に増えていきます。しかし，中ほどに位置する「0％部分」の階層が 3 カ月ごとに見直され，増額調整されることで，マイナス金利部分は「10 兆〜30 兆円程度」の範囲内に抑えられることが表明されています。マイナス金利が課せられる準備預金の規模は今後も一定範囲内に抑えられるので，金融機関の収益に及ぼす直接的な影響についても一定範囲内に抑制されることになります。

コールレートへの影響

　日銀当座預金が 3 つの階層に分けられ，その大半が今後も「＋0.1％」であることから，日銀当座預金全体でみた「平均的

な付利金利」は、プラスとなります。たとえば図6.2の残高に基づいて計算すると0.08％程度となります（0.1％×(210/260)＋0.0％×(40/260)＋(－0.1％)×(10/260)）＝0.077％）。平均でみた付利金利が0.08％程度だとすると、図6.1で示したコールレートの下限金利はプラスの水準にとどまるのではないか、したがってコールレート自体マイナスに下がらないのではないかと疑問に思われるかもしれません。

　しかし実際、コールレートは、図6.3で示されているとおり、マイナス金利政策が実施されて以降（正確には、2016年2月15日に始まる準備預金の積み期間以降）低下に転じ、4月からはマイナス領域で推移しています。

　平均的な付利金利がプラスにもかかわらず、コールレートがマイナス領域に低下する理由は以下のとおりです。図6.2で示したように、金融機関全体でみると、日銀当座預金が3つの階層に分かれて、そのうち210兆円程度に「＋0.1％」、10兆円程度に「－0.1％」が適用されます。しかし個々の金融機関のレベルでみると、その比率は決して同じではなく、バラツキがあります。そのバラツキが原因で、コールレートは「－0.1％」へ向けて明確に低下することになります。

　具体的に説明すると、たとえば、ある金融機関Aは「＋0.1％部分」（＝2015年の準備預金の平均残高）が比較的大きく、マイナス金利が適用されない部分（余枠）があるとします。一方、別の金融機関Bは、「＋0.1％部分」が比較的小さく、マイナス金利適用部分が存在し、日銀に金利を支払わなければならないとします。このような場合、金融機関Bはできるだけ日銀当座預金を減らしたいと考えるので、余分の資金をコール市

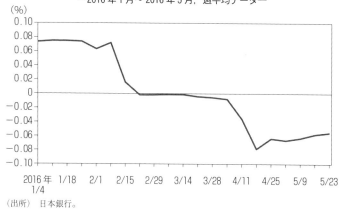

図 6.3 マイナス金利導入前後のコールレート
―2016 年 1 月～ 2016 年 5 月，週平均データ―

(出所) 日本銀行。

場で放出（つまり運用）します。その際のコールレートが仮にマイナスであっても，−0.1％よりもマイナス幅が小さければ，日銀に預金して−0.1％の金利を支払うよりも得になります。一方，金融機関 A には余枠があり，日銀当座預金を積み増す余裕があるので，金融機関 B の取引に応じてコール市場から資金をマイナス金利で借りて当座預金残高を増やす，そしてプラスの収益を得ることができます。

このように金融機関の準備預金の状況にバラツキがある結果，マイナスのコールレートでも取引が成立する，つまりマイナス金利でも貸し手と借り手双方にメリットがある状況が生まれるのです。実際にコール市場では，きめ細かな資金の取引が活発に行われています。そして，マイナスのコールレートがどこまで下がりうるかといえば，上記の議論から，付利金利の「−0.1％」まで，つまり−0.1％がコールレートの事実上の下限を

設定する効果を持つ（仮に−0.1％を超えて低下してもまた−0.1％へと引き戻される）ことになります。

2 マイナス金利政策の金融市場への影響

長期債利回りがマイナスとなり，超長債利回りも大きく低下

以上の概要を踏まえ，マイナス金利政策の影響を検討します。マイナス金利政策の効果として，最終的には実体経済へ及ぼす効果を検証することが重要です。しかしマクロ経済効果が発現するには相応のラグがあるため，本書で議論するのは主として金融市場への影響です。

まず最も顕著に現れたのは，国債利回りが全般的に低下し，特に長期債，超長期債の利回りが大きく低下したという点です。

図 6.4 には短期〜中期債（1年，3年，5年債）の利回り，そして長期〜超長期債（10年，20年，30年債）の利回りが示されています（2010年以降，2016年5月までの週平均データ）。

この図をみると，短期〜中期債ゾーンにおいて，0.2％ポイント程度，いずれの利回りも低下しています。先ほど図 6.3 で示した翌日物コールレートの低下幅は 0.1％ポイント程度でしたが，より長い国債利回りの方がより大きく低下しているのが見て取れます。

長期〜超長期ゾーンでは，利回りがさらに顕著に低下しました。図 6.4 に示されているとおり，マイナス金利導入直前の 10 年債，20 年債，30 年債の利回りは，それぞれ 0.2％，0.9％，1.2％程度でした。それがマイナス金利導入後の 5 月時点で，

図 6.4 マイナス金利政策と国債利回り
—2010 年 1 月〜2016 年 5 月,週平均データ—

(1) 短期〜中期ゾーン：1 年債,3 年債,5 年債利回り

(2) 長期〜超長期ゾーン：10 年債,20 年債,30 年債利回り

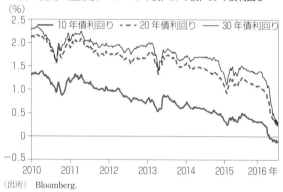

(出所) Bloomberg.

−0.1％,0.2％台,0.3％台へと低下しています。それぞれの利回りの低下幅は,おおよそ 0.3％ポイント,0.7％ポイント,0.9％ポイントです。つまり「より長期の利回りになるほど低下幅が大きい」という傾向がみられます。

金利体系全般が低下し,とりわけ中長期ゾーンの金利が顕著

に低下することは、資金を借りている主体（負債が大きい主体）にとっては大きなメリットがあります。実際このメリットを生かして超長期債を発行する企業や住宅ローンを借り換える個人の動きなどがみられ始めています。

　一方、金融機関にとっては収益を基本的に圧迫する要因となります。先ほど、マイナス金利政策（マイナスの付利金利）が金融機関の収益に及ぼす直接的な影響は一定範囲内に収まると述べましたが、国債利回りや貸出金利の低下という間接的な影響を含めて考えると、その大きさは決して無視できなくなります。今後、後で述べるような副作用へとつながることが懸念されます。

長期債利回り低下を説明する2つの理論メカニズム

　ではなぜ長期金利がこれほどまで顕著に低下し、またそれが持続しているのでしょうか。理論的なメカニズムとしては、2つの可能性が考えられます。

　1つは、マイナス金利が将来にわたり継続される、あるいは今後マイナスの金利水準がさらに引き下げられると人々が予想した可能性です。

　1章の付論1.1で示したように、期待理論から、長期金利は短期金利（の予想値）の平均で表されます。すなわち、

$$長期金利 = 現在から将来の短期金利の平均値 \quad (6.1)$$

マイナス金利が導入されて、コールレートなどのごく短期の金利が低下しますが、それが将来にわたって続くと人々に予想されると、(6.1) 式の右辺の値は明確に低下するでしょう。つま

り,短期債へ繰り返し投資することで得られるリターンが低下するので,長期債に投資して満期まで保有した方がより高い利回りが得られます(左辺＞右辺)。その結果,長期の債券に投資家の需要が集まって,長期債の価格が上昇,利回りは低下するのです(その結果,左辺＝右辺が回復)。たとえば投資家が「マイナス金利は少なくとも2～3年は続き,その間,さらに引き下げられる」と予想したとすると,同じ2～3年ゾーンの国債利回りはそれに応じて低下することになります。

　もう1つの可能性は,いま述べた期待理論のメカニズム以上に長期債利回りが低下する可能性です。それは,(6.1) 式に「タームプレミアム」を追加した式に基づき考えます(同じく付論1.1参照)。その式は,

$$\text{長期金利} = \text{現在から将来の短期金利の平均値} + \text{タームプレミアム} \tag{6.2}$$

と表されます。長期債に投資して満期まで保有することは,途中で換金の必要性が生じる(そしてその際の売却価格が不確実)というリスクを伴います。そのリスクは,一般に,20年,30年とより長期に保有すればするほど高まると考えられるので,より長期の債券の投資にはより高い「上乗せ金利(プレミアム)」,すなわち「タームプレミアム」を要求するでしょう。タームプレミアムは,「満期以前に現金,すなわち流動性が必要となるリスク」という意味で「流動性プレミアム」とも呼ばれます。

　この (6.2) 式に基づいて考えると,マイナス金利政策が導入された結果,長期債,超長期債への需要が基本的に高まり,

タームプレミアムも明確に低下した可能性が考えられます。

たとえば，上記の期待理論のメカニズムを通じて，短期から中期ゾーンにかけて利回りが明確にマイナスとなり，マイナス領域にしばらくとどまると予想したとしましょう（実際，次に述べるように，日本銀行は「マイナス金利政策を，2％目標を安定的に達成するために必要な時点まで続ける」と明言しています）。金融機関にとって，国債を新たに購入して満期まで保有して得られる利回りが「わずかでもプラス」と「わずかでもマイナス」の状況は，質的に異なると考えられます。これまでは，その是非はともかく，たとえわずかでもプラスの利回りが得られるので，その投資額を増やすことで，投資期間の収益はプラスを確保できました。しかし，その利回りが「わずかでもマイナス」となれば，期間収益はマイナスとなり，投資額を増やせば増やすほど損失額は膨らみます。

金融機関は投資をめぐる環境が一変したと受け止め，まだ少しでもプラスの利回りが得られるより長期の国債へと投資が殺到した可能性があります。あるいは，マイナス金利という元本を上回る高い価格で購入しても，日本銀行が大規模な国債買入れを続けているので，さらに高い価格で日銀に売却できると予想して，売却益ねらいの投資姿勢を強めた可能性も考えられます（一部では「日銀トレード」と呼ばれます）。

また外国人投資家もマイナス金利の国債に積極的に投資しているとみられます。ドルが相対的に不足する市場環境のもと，外国人投資家は，日本の投資家にドルを売って円と交換する際に「プレミアム」を受け取れます。そのプレミアムが国債のマイナス利回りを上回る限り，国債に投資して満期まで保有して

もプラスのリターンを確保できるというのがその背景です。

こうした基本的かつ広範囲な国債需要の高まりは，(6.2) 式のタームプレミアムを大きく低下させていると考えられます。タームプレミアムは，投資家のリスク選好や中央銀行の国債買入れなどさまざまな需給要因によって変化するからです。量的・質的金融緩和にマイナス金利政策が加わることで，国債需要と利回りは基本的な影響を受けたといえます。

きわめて強力であったマイナス金利のフォワードガイダンス

いま述べたとおり，長期金利が急低下した要因として，予想される短期金利経路の低下とタームプレミアムの低下という2つのメカニズムが可能性として考えられます。その際，マイナス金利政策に関する「先行きの指針（フォワードガイダンス）」が強く影響したとみられます。

実際，日本銀行は，マイナス金利政策を導入する際，将来にわたりマイナス金利政策が継続されること，そして必要であればさらにマイナス金利を引き下げることを強く印象づけました。その明確な姿勢は，次ページに示す 2016 年 1 月 29 日の対外公表文から見て取れます（抜粋，傍点は筆者）。

(a) は，「必要な場合」という条件付きですが，将来マイナス金利をさらに引き下げるという姿勢を強くにじませています。

(b) は，マイナス金利政策を物価安定目標にリンクして継続するという「オープンエンドのフォワードガイダンス」です。これまでの量的・質的金融緩和と同様に，マイナス金利政策も政策目標である 2％目標を安定的に達成するために必要な時点まで続けることを明記し，かなりの期間続けることにコミット

マイナス金利政策のフォワードガイダンス （2016 年 1 月 29 日の対外公表文からの抜粋，傍点は筆者）

(a) 金融機関が保有する日本銀行当座預金に▲ 0.1％のマイナス金利を適用する。今後，必要な場合，さらに金利を引き下げる。

(b) 日本銀行は，2％の「物価安定の目標」の実現を目指し，これを安定的に持続するために必要な時点まで，「マイナス金利付き量的・質的金融緩和」を継続する。

(c) 今後とも，経済・物価のリスク要因を点検し，「物価安定の目標」の実現のために必要な場合には，「量」・「質」・「金利」の3つの次元で，追加的な金融緩和措置を講じる。

しました。

そして (c) は，再び条件付きながら，マイナス金利の低下を含めた追加緩和を将来行うことを強く示唆しています。

これを「量的・質的金融緩和」政策の導入時の対外公表文と比べると，次ページに示すとおり，トーンの違いは明確です。これらは先の (b) と (c) に対応していますが，まず (d) は (b) と同じくオープンエンドのフォワードガイダンスです。そして，将来の政策調整について，(e) では「必要な調整を行う」という表現にとどめていますが，先ほどの (c) では，明確に「追加的な緩和措置」と表明されています。

このように，日本銀行は，オープンエンドの形でマイナス金利政策を継続すると表明し――それ自体もきわめて強力ですが――，さらに将来の追加緩和，とりわけマイナス金利の引き下げまで強く示唆する文言を，対外公表文という最もフォーマルな情報発信手段に盛り込みました。そしてそれは，過去の対外

量的・質的金融緩和のフォワードガイダンス（2013年4月4日の対外公表文からの抜粋，傍点は筆者）
(d) 「量的・質的金融緩和」は，2％の「物価安定の目標」の実現を目指し，これを安定的に持続するために必要な時点まで継続する。
(e) その際，経済・物価情勢について上下双方向のリスク要因を点検し，必要な調整を行う。

公表文と比べても際立っています。マイナス金利を先行して導入した欧州各国でも，明確なフォワードガイダンスは付与されてはいません。国民も内外の投資家も，日本銀行のマイナス金利政策に対する並々ならぬ決意を感じ取ったことでしょう。それが，長期金利低下の第1のメカニズム（予想短期金利の低下）に強力に働きかけ，さらには第2のメカニズム（タームプレミアムの低下）にも寄与したのではないかと推察されます。

株価や為替レートへの効果は不明瞭

マイナス金利政策は金融市場，とりわけ長期金利に対して，明確な引き下げ効果を発揮してきたことを現実のデータならびに理論的なメカニズムの両面から考察してきました。

では，同じく金融市場への影響として，株価や為替レートといった資産価格への影響についてはどうでしょうか。

図6.5は，日経平均株価とドル／円レートの推移を表しています。単純にこのデータをみる限り，株価や為替レートに対する明確な効果はデータからは観察されていません。それにはい

図 6.5 マイナス金利政策と株価，為替レート
—2010 年 1 月〜 2016 年 5 月，週平均データ—

(出所) Bloomberg.

くつか理由が考えられます。

1つには，マイナス金利政策の導入を決定した2016年1月時点，金融市場は非常に強い不確実性にさらされており，それが逆風となり制約となった可能性が考えられます。

2015年末から2016年初めにかけて，中国経済の減速長期化や一段の原油安への懸念が台頭，株価は世界的に弱含み，市場の不安心理を表す「VIX指数」も節目とされる20を超えて高まりました（図6.6）[1]。その底流には，米国の利上げ開始と先行きのハイペースな利上げ見通しがグローバル経済に対する強

---

1) VIX指数は，市場の心理を表す指標として知られており，米国株価指数（S&P 500）のオプション取引の変動幅（ボラティリティ）に基づき算出されます。この指数が高まると，市場心理の悪化を意味することから，「恐怖指数」とも呼ばれます。

図 6.6　マイナス金利政策導入前後のグローバルな金融環境
―2013 年 1 月〜 2016 年 5 月，週平均データ―

(1) VIX 指数と米国株価

(2) WTI 原油価格

(出所)　Bloomberg.

力な金融引締めとして作用していた可能性があります（金融引締め方向のフォワードガイダンス，表 5.1 参照）。このような世界経済の下振れリスクが強まるなかで，危険回避的な円買いも進行したとみられます。

　マイナス金利政策は，そうした状況下で――そうした状況を

好転させるねらいも当然あったと推察されますが——実施されました。その結果, 実際にはマイナス金利政策による金利全般の低下によって株価や為替レートの改善を下支えしているにもかかわらず, グローバルな不安心理による下押し圧力があまりにも大きく, 政策の効果がみえにくくなっている可能性があります[2]。

金融機関収益を持続的に圧迫してリスクプレミアムを高める恐れ

2つめの仮説として考えられるのは, 現在のマイナス金利政策そのものに内在する副作用により, 本来の株価や為替レートを押し上げる力が減殺されている可能性です。ここでいう「マイナス金利政策の副作用」とは, 現行の強力なフォワードガイダンスが作用する結果, 金利体系全般への低下圧力がかかり続け, 金融機関収益に対する減少圧力は長期化し, かつ今後さらに強まるのではという懸念です。

日本の金融機関は全体として豊富な自己資本を有しており, 加えて大手行などは高い収益力も有しています。政策効果が首尾よく発揮されれば, 金利はやがて上昇して, 金融機関収益も

---

[2] その後2016年3月, 表5.1でも確認したとおり, FRBによる政策金利見通しが変更され(年内利上げ回数を4回から2回へ減少), グローバルな金融環境は落ち着きを取り戻してきています。米国株価, VIX指数, 原油価格など主要な金融変数は改善方向の動きが続いています(図6.6)。これ自体は日本の金融環境にもプラスに作用しているはずですが, 一方で, FRBによる利上げ見通しの修正は, 事実上の金融緩和と市場では受け止められ, それがドル安・円高圧力として作用し, 日本の為替レートや株価に対する新たな重石となっている可能性が考えられます。

上向くはずです。しかし，なかなか景気回復が進まず，インフレ率も予想に反してなかなか立ち上がらなければ，先のフォワードガイダンスのもとでは，マイナス金利政策はそれだけ長期化すると予想されます。その場合，マイナス金利環境はしばらく続く可能性が高く，金融機関の収益を持続的に圧迫すると予想されます。

　マイナス金利政策の導入によって，金融機関収益が持続的に圧迫されるとなると，金融機関はさらに激しい貸出競争や過度なリスクテイクに追いやられるかもしれません。年金基金の運用利回りも顕著に低下しており，人々は逆に将来不安を感じて，支出や投資行動を抑制する恐れもあります。つまりマイナス金利政策の導入が原因となって，日本の金融や経済に対する不確実性（つまりリスクプレミアム）が高まることになれば，それはマイナス金利付き量的・質的金融緩和政策に内在する潜在的な副作用とみなされなければならないでしょう。リスクプレミアムが高まれば，後ほど付論 6.1 で詳しく述べるように，本来，国債利回りの低下によって得られるはずの資産価格へのプラス効果――金融環境への緩和効果――も減殺してしまうことになります。こうした副作用は，マイナス金利をさらに引き下げ，あるいは長期化すればするほど大きくなることが懸念されます。

　こうした懸念は，まだ発生確率の低いリスクかもしれませんが，そのリスクを示唆する兆しは，少なくとも金融市場では現れ始めています。図 6.7 には，東証株価指数における全体の指数と金融業の指数（銀行業指数，証券業指数）を示しています。マイナス金利政策導入後，銀行業指数，証券業指数は，全体の指数と比べてより大きく落ち込んでおり，将来収益に対する予

図 6.7　マイナス金利政策と銀行業・証券業の株価
―2010 年 1 月～ 2016 年 5 月，週平均データ―

(1) 東証株価指数（TOPIX）と銀行業株価指数

(2) 東証株価指数（TOPIX）と証券業株価指数

（出所）　Bloomberg.

想や不確実性に関する市場の見方がその違いに反映されています。言い換えると，金融業の収益見通しやその不確実性が全体指数の回復にとって重石になっている可能性があります。銀行業・証券業の時価総額は東証株価指数全体の 1 割前後を占めており，決して無視できるものではありません。

金利の低下によって金融機関の収益が徐々に圧迫されてきているのは，今日に始まった話ではありません。図6.7で確認した銀行業株価指数の全体指数からの乖離も，少し前からみられています。しかし，先ほど図6.4で確認したように，マイナス金利政策によって生じた金利体系全般の低下は急激であり，代表的な市場の長期金利（10年債利回り）がプラス領域からマイナス領域に落ち込んでそこにとどまるなど，これまでの大規模な国債買入れによる反応とは質的に異なっているように見受けられます。金融部門における基本的な収益環境の変化は，金融や経済全体に対する不確実性を高め，リスクプレミアムを高める可能性があります。

　リスクプレミアムが高まると，株価や為替レートなどの資産価格は低下し，金融環境はより引締め的となります。その理論的なメカニズムは，一般に，次のように議論できます。経済や金融の不確実性が高まり，投資家がより危険を回避するようになると，価格変動リスクのある投資機会（株式投資や海外証券投資など）に対して，より高い「上乗せ利回り（＝リスクプレミアム）」を要求することになります。章末の付論6.1で解説するように，標準的な株価決定モデルである「裁定関係に基づく現在割引価値モデル」，あるいは短期の為替レート決定モデルである「カバーなし金利平価モデル」に基づいて考えると，それぞれのモデルにおいて，より高いリスクプレミアムが要求される場合，株価は下落し，ドル／円為替レートは下落する（ドル安・円高となる）ことが示されます。

　マイナス金利政策は，安全資産である国債利回り（リスクフリー・レート）を引き下げるので，上記の標準的な理論に基づ

いて考えても、それ自体は資産価格の上昇をもたらすはずです（同じく付論6.1を参照）。しかし一方で、いま述べたように、金融機関収益に対する持続的な下振れ懸念や不確実性が増大し、リスクプレミアムを高めるという副作用のメカニズムが現在の「マイナス金利付き量的・質的金融緩和」には内在されている可能性があります。もしそうならば、マイナス金利政策は、本来期待されるべき株価や為替レートの押し上げ効果を逆に減殺してしまう恐れがあるのです。

資産市場の一般均衡モデルに基づくマイナス金利政策の影響

　ここで、金融市場への影響を分析する別の理論フレームワークとして、2章で説明した「資産市場の一般均衡モデル」を使って検討してみたいと思います。

　まず株価への影響を、2章と同じく［貨幣、国債、株式］の3資産モデルに基づいて考えます。そして、図2.12と同様に、貨幣市場の需給を一致させる金利と株価の組み合わせ（右上がりのMM曲線）、と国債市場の需給を一致させる金利と株価の組み合わせ（右下がりのBB曲線）を使って議論します。

　日本のマイナス金利政策とそのフォワードガイダンスは、先に「タームプレミアム低下」のメカニズムで議論したとおり、投資家の行動を質的に変化させ、国債に対する需要を基本的かつ外生的に高めたとします。それは、モデルで表現すると、BB曲線を明確に左下方向にシフトさせることになります。当初均衡した状態（BB曲線上）から出発して、長期国債への需要が外生的に高まれば国債市場は超過需要となるため、金利が下落するか株価が下落して国債需要が減少する力が働き、その

結果新たな均衡が実現する(つまり BB 曲線は左下方にシフトする)ことになります。

では,貨幣市場(MM 曲線)はどうでしょうか。付利金利を引き下げること自体は,図 6.1 で確認したように,日銀当座預金の供給は変化しません。一方,マイナスの付利金利により日銀当座預金に対する需要は外生的に減少すると考えられます。他方で,人々の現金に対する需要が高まる可能性もあります。ここではトータルで貨幣(マネタリーベース)に対する需要は外生的に変化しないと想定すると,貨幣市場の需給は変化せず,MM 曲線もシフトしないと考えられます。

MM 曲線には変化がなく,BB 曲線の左下シフト(国債需要の高まり)だけが起こるとすると,図 6.8 で示しているとおり,資産市場の均衡点(両曲線の交点)は MM 曲線に沿って左下に移動する,つまり,金利は明確に(この例だとマイナス領域にまで)低下する一方,株価は下落することになります[3]。

この図 6.8 で示したマイナス金利政策の効果と,2 章の図 2.13 で議論した国債買入れ政策との違いは明らかです。非伝統的な国債買入れ政策——あるいは伝統的金融政策における国債買いオペ——は,資産買入れによって中央銀行のバランスシート(貨幣量)の増加を伴います。したがって,BB 曲線の左シフト(民間保有の国債残高の減少)とともに MM 曲線が右シフトし,株価を上昇させる効果が生まれます。一方,マイナ

---

[3] ここで株価下落の大きさは,MM 曲線の傾きに依存します。2 章図 2.15 で議論したように,MM 曲線の傾きは長期金利がマイナスの領域でより緩やかである可能性があります。その場合には,株価の下落幅は図 6.8 よりも大きくなると予想されます。

図 6.8 マイナス金利政策の株価への影響
—(貨幣, 国債, 株式) 3 資産モデル—

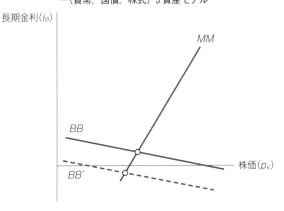

ス金利政策では、国債需要を高めるだけで貨幣量の増加を伴わないため、このフレームワークに基づけば、株価はむしろ下落することになります[4]。

さらに付け加えると、いま示した株価への影響とまったく同様のメカニズムは、為替レートに対しても議論することができます。3 資産のなかの「株式」を「外国証券」に置き換えて、

---

[4] 通常の株価決定理論に従えば——付論 6.1 の (A 6.4) 式あるいは (A 6.5) 式で議論されるように——、長期金利 (i_B) が下がれば株価は上昇するはずです。一方、ここで議論している貨幣を含む 3 資産の一般均衡分析だと、国債需要の上昇によって、金利は下落するとともに株価は下落するという結論が得られます。この結論の違いが生み出されるのは、次のような理由によります。

通常の株価決定モデルは、株式と国債という 2 資産の利回り格差(あるいは相対価格)が各資産の需要を変化させ、価格そして利回りの均等

そして「株価」を「為替レート（ドル／円レート）」に置き換えて，同様のフレームワークに基づいて為替レートへの影響を分析できます（詳細は付論6.2を参照。これは従来からあるモデルで，「為替レートのアセットアプローチ」として知られています）。その結果，先と同様のメカニズムから，マイナス金利政策によって金利は低下し，ドル／円レートも下落する（ドル安・円高となる）という結論が得られます。

今後の見通し

　以上，マイナス金利政策の金融市場への影響を中心に考察しました。今後マイナス金利政策を継続し，またさらなる低下を検討する場合には，期待される効果として，特に最終的な実体経済へ及ぼす効果に関する検証が大変重要となります。それとともに，本書で指摘したような潜在的な副作用に関する議論と判断が欠かせません。ここで行った金融市場への影響に関する議論は，効果と副作用の両面に関わっています。こうした議論が蓄積され，また学界や政策当局とも共有され，今後の政策判断に資する材料が少しでも増えることが大切だと思われます。

　へ向かわせるという裁定取引のメカニズムに基づきます。一方，資産市場の一般均衡モデルでは，貨幣を含む3資産の需給が考慮され，貨幣を除く2つの利回り（あるいは価格）が調整されて決定されます。つまり後者では，モデルに貨幣を含み（だからこそ国債買いオペ政策が議論で・・・・・・・きます），かつ貨幣の収益率はゼロ％で固定されている，その結果，国債利回りと株価によって貨幣を含む3資産全体の需給が調整される，というのが基本的な設定です。こうした基本設定の違いにより，上記の結論の違いがもたらされていると考えられます。

第 6 章のポイント

- マイナス金利政策とは，金融機関が日本銀行に預ける預金（日銀当座預金）のごく一部にマイナスの金利（−0.1％）を課す政策。
- 日銀当座預金は 3 つの階層に分けられ，そのうち 2015 年までプラスの金利（＋0.1％）が適用されていた部分には，今後も同じプラスの利息が付与される。
- 金融市場への影響をみると，中長期国債の利回りがマイナスとなり，超長期債利回りも大きく低下するなど，金利体系は全般に顕著に低下した。予想短期金利の低下とタームプレミアムの低下という 2 つのメカニズムが働いたとみられる。金利の低下は資金の借り手には明確なメリットとなる。
- 一方，株価や為替レートへの効果は不明瞭。2016 年初めにかけて強まった中国経済の減速懸念や一段の原油安などが市場心理を悪化させ，効果をみえにくくした面がある。
- 金利体系全般に低下圧力がかかり続けると，金融機関の収益を持続的に圧迫する。副作用によって日本の金融・経済に対する不確実性（リスクプレムアム）が高まれば，国債利回り低下による株価や為替レートへのプラス効果は減殺される。
- タームプレミアムの急激な低下に表れた国債需要の高まりは，資産市場の一般均衡モデルに基づくと，株価や為替レートをむしろ下落させる効果を持つ。
- マイナス金利政策を継続し強化する場合には，金融面の効果と副作用を踏まえ，最終的なマクロ経済への影響を検証することが重要である。

付論6.1　株価，為替レート決定とリスクプレミアム

株価の決定理論：裁定関係に基づく現在割引価値モデル

株価の現在割引価値モデルは，次の3つのステップで求められます。

①株式の「1期間保有期間利回り（R_t）」を計算。

t期の株価$p_{K,t}$，毎期一定の配当d_Kとすると，株式を1期間保有することで得られる利回りは，

$$R_t = \frac{d_K + (p_{K,t+1} - p_{K,t})}{p_{K,t}} \quad (\text{A}6.1)$$

となります。右辺の分子は，1期間保有することによって得られる配当収入（インカムゲイン）と売却益（キャピタルゲイン）を表しており，それを今期の価格で割ることで保有期間利回りが計算されます。

②ベンチマークとなる長期国債の利回りと株式投資の保有期間利回りとの間に裁定関係が成立。

もし2つの投資機会の利回りに差があれば，より高い利回りをもたらす投資機会への需要が高まり，価格が上がり，利回りが低下することになります。こうした裁定取引の結果，長期国債利回り（$i_{B,t}$）と株式の保有期間利回りは等しくなります。ただし，リスク回避的な投資家を想定する場合，価格変動リスクを含む株式投資のリターンには，「上乗せ金利（リスクプレミアムθ）」を要求するでしょう。その結果，

$$R_t = i_{B,t} + \theta \quad (\text{A}6.2)$$

が成り立ちます。

③ $t+1$ 期以降も（A6.2）式と同様の裁定関係が成立すると想定（$i_{B,t}$ は一定と仮定）。

上記の（A6.2）式を（A6.1）式に代入して，整理すると，

$$p_{K,t} = \frac{d_K + p_{K,t+1}}{1 + i_{B,t} + \theta} \tag{A6.3}$$

が得られます。（A6.3）式を1期ずらした式（$p_{K,t+1}$）の表現を求め，それを（A6.3）式に代入すると，

$$p_{K,t} = \frac{d_K}{1 + i_{B,t} + \theta} + \frac{d_K + p_{K,t+2}}{(1 + i_{B,t} + \theta)^2}$$

が得られます。さらに（A6.3）式を2期ずらした表現（$p_{K,t+2}$）を上式に代入して，同様に逐次代入していく操作を繰り返すと，

$$p_{K,t} = \frac{d_K}{1 + i_{B,t} + \theta} + \frac{d_K}{(1 + i_{B,t} + \theta)^2}$$
$$+ \cdots + \frac{d_K}{(1 + i_{B,t} + \theta)^j} + \frac{p_{K,t+j}}{(1 + i_{B,t} + \theta)^j} \tag{A6.4}$$

が得られます。もし j を無限大にすると，（A6.4）式の表現はより単純になり，

$$p_{K,t} = \frac{d_K}{i_{B,t} + \theta} \tag{A6.5}$$

となります。

（A6.4）式，あるいは（A6.5）式から，リスクプレミアム θ が上昇すると，株価は下落することがわかります。

為替レートの決定理論：「カバーなし金利平価」

為替レートの（主に短期の）決定理論である「カバーなし金利平価」は，以下の2つのステップにより導出できます。

①国内投資から得られるリターン,海外投資から得られるリターンをそれぞれ求めます。

国内債券に投資したときの元利合計(リターン)は,

$$(1+i_t)$$

となります。

海外金利 i_t^*,t 期の為替レート(ドル/円レート)を e_t とし海外投資のリターンを求めます。円をドルに換えて海外債券に投資し,その元利合計をまた円に戻したときのリターンは,

$$(1+i_t^*)\frac{e_{t+1}}{e_t}$$

となります。

②裁定行動の結果,国内投資の利回りと海外投資の利回りが等しくなると想定します。すなわち,2つの利回りに差が生まれると,より高い利回りの投資機会の需要が高まり,利回りが低下して,等式が成立する方向に調整されるものとします。

ただし,海外投資には為替変動リスクがあるため,危険回避期的な投資家を仮定するもとで,海外投資の利回りには「上乗せ金利(リスクプレミアム θ)」を要求するでしょう。すなわち,

$$(1+i_t)(1+\theta)=(1+i_t^*)\frac{e_{t+1}}{e_t} \qquad (\text{A}6.6)$$

が成立すると考えます。

この関係式から,もしリスクプレミアム θ が上昇すれば,他の条件(内外の金利,来期の為替レート)を一定としたもとで,今期の為替レート e_t は下落し,ドル安・円高となることがわかります。

付論 6.2 資産市場の一般均衡モデルにおける為替レートへの影響

マイナス金利政策の為替レートへの影響は、株価への影響と同様のフレームワークで議論できます。引き続き3資産市場を仮定し、株式の代わりに外国資産を用います。つまり「貨幣、国債、外国証券」の3資産モデルを想定します。これまでと同じく、ある資産の需要は自分の収益率に対してはプラスに反応し、他の収益率に対してはマイナスに反応するという粗代替の仮定を置きます。

ここで外国証券に対する需要を考えます。まず自国の国債利回りが高まれば、自国の国債への需要が高まり外国証券への需要は減少します。したがって外国証券需要は国内金利 i_t の減少関数です。

一方、今期の為替レート(ドル/円レート、e_t)が上昇すると外国証券需要はどう反応するでしょうか。外国証券投資から得られる利回りは、外国債利回りを i_t^* とすると、$(1+i_t^*) \times (e_{t+1}/e_t)$ なので、今期の為替レートの上昇(ドル高・円安)により、外国証券の利回りは低下して、需要は減少するでしょう。つまり外国証券需要は為替レートの減少関数となります。また外国証券の供給額は $e_t F^s$ とします。

以上をまとめると、外国証券に対する超過需要関数 FF――需要から供給を引いた表現――は、次のように、i_B の減少関数、e の減少関数となります。

$$FF(\overset{-}{i_B},\ \overset{-}{e}) = 0 \tag{A6.7}$$

貨幣に対する超過需要関数 MM、および国債に対する超過需要関数は、ともに株式の場合と同様に設定できます。たとえば貨幣需要は金利の減少関数で、為替レートが上昇すると外国証券利回りが下がるので貨幣需要は増加する、つまり為替レートの増加関数とな

第6章 マイナス金利政策の影響は何か 211

図6.9 マイナス金利政策の為替レートへの影響
―(貨幣, 国債, 外国証券)3資産モデル―

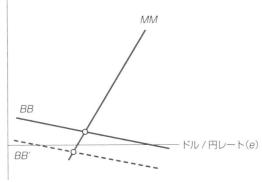

ります。国債需要も同様に定義できます。したがって、貨幣と国債の超過需要関数は、

$$MM(\overset{-}{i_B}, \overset{+}{e}) = 0 \tag{A6.8}$$
$$BB(\overset{+}{i_B}, \overset{+}{e}) = 0 \tag{A6.9}$$

となります。

これらの表現は、2章で用いた超過需要関数とまったく同じもので、株価 p_K を為替レート e に代えたものです。ここでワルラス法則を適用すると、2つの資産市場の需給一致を分析すればよいことがわかります(残りの1つの資産の需給一致も満たされます)。

図6.9には、貨幣市場(MM 曲線)と国債市場(BB 曲線)が描かれています。マイナス金利政策の影響は、定性的には、図6.8と同じ形で議論できます。すなわち、マイナス金利政策(付利金利の引き下げ)の導入とその継続予想により、国債への需要が外生的に増えると BB 曲線は左下方向へシフトし、一方で貨幣供給量は増え

ず，貨幣への需要も外生的に変化しないとすると MM 曲線は動きません。その結果，金利は低下し，為替レートは下落します（ドル安・円高）。

第7章

日銀での5年間と今後の展望

はじめに

　日本の非伝統的金融政策は，筆者が日本銀行政策委員会メンバーとして勤務した2010～2015年の期間，大きく進展しました。その5年間，ギリシャ・ユーロ危機，東日本大震災，米国債務危機，政権交代，消費税増税，原油価格急落など，さまざまな経済ショックや環境変化に見舞われました。そうしたなかで，日本の金融政策は，非伝統的手段を進化・拡充させ，新たな取組みに挑戦し続けてきたといえます。

　本書を終わるにあたり，日本銀行で政策の立案と決定に携わった5年間を振り返ります。この間のさまざまな政策判断を行ううえで，私自身，何を考え，どういったことを心がけてきたのかを中心に，できるだけ率直に述べたいと思います。

　そのうえで，マイナス金利政策にまで踏み込んだ今後の金融政策について展望します。米国が牽引する世界経済の回復シナリオが修正されつつあるいま，2％目標の到達時期について柔軟に考えるべきときにきています。マイナス金利政策のアクセルをさらに踏み込むことについても，長期金利のマイナス化に伴う人々の不安やリスクプレミアムの拡大といった側面に配慮が必要になります。

1 日銀での5年間を振り返って

金融政策決定会合における討議

　筆者が在任中の日本銀行の金融政策決定会合は，年間14回開催されました（2016年からは，米国や欧州と足並みを揃える形で年間8回の開催になっています）。毎月1回の開催に加えて，「経済・物価情勢の展望」を公表する4月と10月には月2回開催となるため，その前後では決定会合はほとんど2～3週間おきに行われていました。また2010年，2011年には，臨時決定会合がそれぞれ2回，1回と開かれました。

　決定会合は通常2日間開催され，初日は，担当部局から金融市場，国際経済，国内経済，金融環境のパートに分けて概況の説明があり質疑応答，2日目は各ボードメンバーが内外の経済金融情勢について意見を述べたうえで政策判断について討議を行います。ここで新たな提案が出された場合には，それを審議します。委員会の多数の意見を要約する形で議長が議案を取りまとめ，採決に付され，政策が決定されることになります[1]。

　毎回の決定会合における政策判断は，どれ1つとして容易なものはありませんでした。いかに前例のない難しい判断であっても，9名の政策委員——総裁と2名の副総裁，そして6名の審議委員——は，決定会合において審議を尽くし，賛成か反対

---

1) 議論の概要は約1カ月余り後に議事要旨，詳細は10年後に議事録の形で公表されます（2016年からは，6営業日後に「金融政策決定会合における主な意見」の公表が始まり，より速やかに議論のポイントが公表されています）。

か，あるいは独自の議案を提出するかの判断を迫られます。5対4という僅差で政策が決定される場合もありました。

仮に「現状維持」を表明する場合でも，さまざまな検討事項を点検したうえでその判断にたどり着きます。すでに実行中の政策は期待どおりの効果を発揮してきているのか。潜在的な副作用のリスクは高まっていないのか。経済・物価見通しのメインシナリオやリスク評価に変わりはないか。先行き見通しに関するリスクが高まって，政策変更のタイミングが近いとみられても，もう少しデータをみてから判断するのか，等々です。「現状維持」の判断は，その決定事項だけをみれば何も変わっていないと思われるかもしれませんが，その背後にはさまざまな判断や意味合いがありうるのです。大きな政策変更の場合はもちろんですが，現状維持であっても，自分にとって難しい判断を迫られることも少なくありませんでした。

決定会合に至る過程では，さまざま情報収集の機会があります。日本銀行の関連部局からの説明やレポート，各種メディアからの情報，外部の有識者・市場関係者・企業リーダーとの懇談などの機会があり，そうして集められた情報量は膨大なものです。大量の情報を自分なりに咀嚼し，毎回の決定会合に向けて臨みますが，最終的に判断してその責を負うのは，他でもないボードメンバー一人一人です。各委員は，毎回の決定会合において，重い一票を投じることになります。

さまざまな判断や局面において，基本的な拠り所としたのは，私の場合，経済理論に基づくロジックであり，現実の経済金融データに基づく分析でした。経済理論といっても，本書でそのエッセンスを紹介したように，入門レベルから中級，上級まで

さまざまあり，また理論の前提を変えれば結論も異なります。

どの理論が現在の日本経済や世界経済，金融環境に最も妥当するのか。先々の経済・物価の回復経路，そして政策の効果や副作用については，どう予想されるのか。こうした問題に対して，さまざまな理論的な知見と現実のデータとを突き合わせながら，また計量分析も行いながら，最善と思われる方策を模索してきました。

日本銀行政策委員会「審議委員」の仕事

日本銀行の政策委員会は最高意思決定機関であり，先ほど述べたように，総裁，2名の副総裁，6名の審議委員の合計9名で構成されます。政策委員会では，金融政策方針の決定以外にも，日本銀行が行うさまざまな業務に関する審議・決定を行います。それは「通常会合」と呼ばれる会合で行われ，基本的に週2回開催されます。

日本銀行が行っている業務には，銀行券の発券，決済システム，政府の国庫・国債関連，金融機関への考査・モニタリング，金融システム，統計・調査，国際金融関連，内部管理など，広範囲に及びます。審議委員は特に担当を持たず，政策委員会での審議・決定を通じてこうした業務に関わるとともに，執行部門の業務運営を全般的に監督するという責務を負います。

そのため，審議委員がカバーする仕事は，大変多岐にわたります。週2回の通常会合に向けて各局からの説明が続き，朝から夕方まで，担当部局からの説明でびっしり予定が埋まるという日も少なくありませんでした。

「審議委員」という名前から，「政府の審議会の委員」という

印象を持たれる方もおられるかもしれません。しかし日本銀行の審議委員は常勤であり，その公的な立場のため，兼業は認められません。正規の役員としてフルタイムで勤務し，通常会合では大小さまざまな事項が審議・報告されます。たとえば，銀行券をチェックする自動鑑札機を何台新しく購入するか，新しい決済システム〈新日銀ネット〉の開発作業の進捗はどうか，わが国の金融システムの安定性は全体としてどう確保されているか，国際金融規制の議論に日本としてどう臨むべきか，等々です。金融政策方針の決定に加えて，わが国の金融インフラを支えるさまざまな業務・運営に関する監督にも目を配り，大変忙しくも密度の濃い5年間でした。

就任記者会見

2010年3月26日，総理官邸で辞令を受け取り，審議委員として職務が始まりました。着任して最初の対外的な仕事は，その日の夕刻，日銀本店で行う記者会見です。その記者会見は，15分程度の短いものでしたが，私にとっては，その後の5年間の責務を果たすうえで重要な意味を持つものでした。

記者から受けたなかで，よい質問だと感じたのは，政策当事者として金融政策の効果をどう捉えているのかという質問です。すなわち，「過去の論文や著作では金融政策の効果に対してどちらかといえば懐疑的な立場だったはずだが，その基本的なスタンスに今後も変わりはないのか，それとも柔軟に考えていく用意があるのか」といった質問でした。

これに対して，私は次のような内容のリプライを行いました。「これまでの著作や論文で述べてきたのは，1990年代末から

2000年代初頭にかけての時期についての評価である。その当時は，不良債権問題の出口が見えなかった時期であり，金融政策で何かを行うというよりも，不良債権問題の解決やさまざまな構造調整が重要であると認識していた。」

「ただしこれからは，そうした議論の前提が違ってきているかもしれない。日本の金融システムは，現在の欧米とは異なり，それほど深刻な問題はない。また一般的な考え方として，景気が持ち直す局面での金融緩和は，より強い効果を持ちうる。」

「過去の量的緩和政策に関して，学術的な実証研究や検証が進行中だが，まだ最終的な結論が得られているわけではない。自分でも，さまざまなデータをよく分析して，金融政策の効果を見極めていきたい。」

こうした趣旨の回答をしました[2]。

政策当事者として，自ら実施する政策の効果について，しっかりとした見解を持つことは必要不可欠です。その意味で，記者の質問は正当なものでした。一方で，金融緩和が長く続いたことが日本のバブル発生の一要因となったという側面もあり，資産価格バブルのリスクにも目配りしなければなりません。

積極的な金融緩和を行うことの効果と副作用をどう認識するのかというのは，非伝統的な金融政策を進化・拡充させるなかで私が一貫して自問自答し続けてきた問題です。本書は，その問いに対する包括的な答えを自分なりに試みたものですが，そ

---

2) 詳しい会見内容は，日本銀行ホームページの「記者会見」のセクションに掲載されています（「宮尾審議委員就任記者会見要旨（2010年3月26日）」）。

の最初のきっかけとなったのが，就任記者会見での質疑応答だったのです。

厳しかった経済政治情勢

そうして始まった審議委員としての職務ですが，就任して最初の3年間，経済政治情勢は一貫して厳しいものでした。就任して間もない2010年5月，ギリシャ・ショックが勃発し，それはユーロ危機へと発展していきます。毎夏のように厳しい円高に見舞われ，金融緩和が不十分であるとの批判は，野党そして与党からも受け続けました。日銀法改正提案も続き，当時の白川総裁が国会に呼ばれる頻度も相当なものでした。

政策委員は，それぞれ地方に出向いて講演を行い，地域の経済団体や企業リーダーなどと意見交換を行います。そうした機会でも，円高を是正してほしいとの要望や，特に輸出企業関係の方などから厳しいご批判をいただいたことは1度や2度ではありませんでした。

当時もいまも，為替レート政策は政府・財務省の所管であり，中央銀行当局者が，為替レートの水準に関して何かコメントすることは厳に控えなければなりません。よく議論されるように，為替レートが経済に及ぼす影響は，プラス面，マイナス面の両方がありえます。しかし，やはりドル／円レートで80円を割るような当時の為替レートは，行き過ぎた円高水準だったと思います。

円高は，家計および輸入企業にとっては，輸入品が安く購入できるので実質的な所得が増える（交易条件が改善する）というメリットがあります。一方で，とりわけグローバルにビジネ

スを展開する企業の収益・所得環境にとっては明確なマイナスです。プラスとマイナス両面を考慮して，やはり日本経済の所得の源泉である輸出並びに企業収益にとって，トータルでみてマイナスであると判断されます。長引く円高基調は，日本全体のデフレマインドを持続させる大きな要因の1つであったとしても不思議ではありません。

　基軸通貨国である米国が金融緩和を強化し，加えてユーロ危機や米国債務問題などによるリスク回避も重なって，日本は強い円高圧力にさらされ続けました。包括緩和政策を導入して，長期国債やリスク性資産の買入れなどを拡充しましたが，批判的な論者からの「緩和に慎重」との見方は続いたように思います。一部議員による日銀法改正論議もくすぶり続けました。

　そうした状況は，2％物価安定目標を導入し，新しい総裁・副総裁のもとで「量的・質的金融緩和」を実施することで，変わっていくことになります。

量的・質的金融緩和政策の導入と拡大

　2013年4月，新しい総裁・副総裁を迎えた日本銀行は，「異次元」と称される大規模な非伝統的金融政策――量的・質的金融緩和政策――に舵を切りました。1章で詳しく述べたように，マネタリーベースを操作目標として，それまでの資産買入れをさらに大幅に拡大するとともに，資産買入れに関するオープンエンドのフォワードガイダンスも導入しました。「2年程度を念頭にできるだけ早期に実現する」との文言も盛り込み，デフレ脱却に向けた強い決意を表明したのです。

　大規模なマネタリーベースの拡大と資産買入れの導入自体は，

政策委員の全員一致で可決されました。総裁・副総裁が新しく任命され，以前からいる審議委員6名は基本的に全員賛成票を投じたわけです[3]。ただ，そうした投票行動に対して，総裁が新しく代わって審議委員はなぜ急に賛成に回ったのか，過去の見解とどう整合性をとるのかなど，揶揄する論調も散見されました。

　2つ申し上げたいと思います。1つは，一般的な留意点ですが，政策決定会合における判断は，賛成か反対しかありませんが，その際，いつも「100％賛成」とか「100％反対」ではありません。時には「7割は賛成，3割は反対」であるとか，場合によっては「賛成55，反対45」でぎりぎり賛成とか，さまざまな状況がありうるという点です（賛成，反対の数値はあくまでもたとえです）。実際，2013年4月の大規模緩和の導入は，さまざまな論点をクリアしなければならない難しい判断でした。

　もう1点は，大規模緩和策の導入とその後の政策判断にとって，やはりベースとして重要だったのは，同年1月に2％物価安定目標の導入を日本銀行が自ら決定し，それを政府と共有したという点です。国民が選んだ新しい政府が新しい総裁・副総裁を任命し，2％の物価安定目標は「共同声明」という形で政府と共有されました。それまでの「1％の理解」や「1％の目途」のもとでデフレを脱却できなかったのは事実です。新しい政権の誕生を通じて，国民の多数は，より高いインフレ目標とさらに積極的な金融緩和が必要だと訴える新しい政権を支持し

3）　正確には，資産買入れの継続期間（オープンエンドのフォワードガイダンス）に対して反対票を投じた委員が1名おられました。

ました。そうした民意には大変重いものがあると，私自身は受け止めました。

2014年10月，量的・質的金融緩和の拡大を5対4の賛成多数で決定しました。1年半前の大規模緩和の導入時よりも，さらに自分のなかの賛否は拮抗しました。さまざまな総合的な判断を経て，しかし最終的には政策効果に関する前向きな評価と，副作用のリスクが抑制されるという私自身の見通しが拠り所になりました。その際，本書で展開したような経済学の知見を総動員したことはいうまでもありません。

こうした判断が正しかったのかどうかは，30年後，50年後の歴史家の検証に委ねられることになります。5対4と票が割れるほど委員会での賛否が拮抗したわけですが，賛成にせよ反対にせよ，ボードメンバーそれぞれが日本経済の行く末を真剣に考えたうえでの決断であったということは申し上げることができると思います。

量的・質的金融緩和が果たした役割：「デフレ」の脱却

量的・質的金融緩和を開始して，3年以上が経過しました。大規模な非伝統的金融政策が重要な原動力の1つとなって，景気は明確に回復し，基調的な物価上昇率もマイナス領域からプラス領域へと上昇しました。需給ギャップ（図5.6），インフレ率（図1.3，図4.8）の現実データをみても，また3章で行ったフォーマルな実証分析の結果からも，この間に強化・拡充されてきた非伝統的金融政策，とりわけ量的・質的金融緩和が，景気と物価の改善に明確に貢献してきたことは事実だと思われます。

私たちが「デフレ」という言葉を使うとき、それは単なる物価下落（「デフレーション」）というより、物価の下落に景気の低迷や悪化を伴っている状況を指すことが多いように思います。その意味でいうと、過去約5年間、景気に関しては需給ギャップが基本的に解消するまで改善基調が続き、物価に関しても長らく続いた下落から上昇へと転じました。「デフレ」は着実に解消してきたのです。

　無論、2％の物価安定目標はまだ達成していませんし、賃金の伸びがまだ緩やかなのも確かです。個々の企業・家計レベルでは景気回復はなかなか実感できないという見方もあるかもしれません。しかし、少なくとも経済全体を俯瞰して見る限り、日本は「デフレ状況から基本的に脱却できた」といえるのではないでしょうか。

2　今後の展望

2％物価安定目標へ向かう道筋の修正

　マイナス金利政策にまで踏み込んだ今後の金融政策について展望します。

　いくつかの観点から議論できますが、1つめの観点は、政策のあり方を議論するベースとなる経済物価見通し、2％目標の達成へ向けた道筋という側面です。

　量的・質的金融緩和を導入する際、2％目標達成へ向けた道筋として、私自身は次の5つの点が重要であると考えました[4]。①米国を中心に世界経済は着実に回復して成長率も徐々に高ま

る，②米国長期金利は徐々に上昇に向かい，金融市場のリスクテイク意欲も維持され，為替レートも円安ドル高の基調を継続する，③企業収益・企業マインドの改善が続き，設備投資需要が顕在化する，④民間の競争力強化と政府の規制改革の取組みが進展し，潜在成長力が高まっていく，⑤需給ギャップが改善して実際のインフレ率が高まるもとで，またそうした景気回復が今後も持続すると期待されることで，インフレ予想が高まっていく，という5つの点です。

日本経済は，こうした道筋に少なくともある程度は沿う形で改善を続け，デフレ状況から基本的に脱却できたと考えています。一方で，世界経済の成長鈍化や消費税増税の予想以上の影響などにより，景気回復ペースが想定ほど高まらなかったのは事実です[5]。「所得から支出」への好循環メカニズムは2巡目に入ってその勢いが弱まり，2％目標の達成時期も後ずれが続きました。

とりわけ2016年に入って以降，こうした傾向がより顕著になってきたといえます。①の世界経済の見通しに関しては，中国の景気減速長期化への懸念，米国の景気回復の不確実性，さらには英国のEU離脱見通しなど，下振れリスクが一段と高

---

4) 「わが国の経済・物価情勢と金融政策」（岐阜県金融経済懇談会における挨拶要旨，2013年4月18日）。
5) ①世界経済は，3％程度の成長率は維持してきたものの想定ほどには高まらず，とりわけ新興国の成長減速により成長見通しの切り下げが続きました。②当初，基本的なリスクオンや円安ドル高基調は続きましたが，一方で米国の長期金利は，米国景気回復と金融政策の正常化見通しにもかかわらず，むしろ世界経済の減速や原油安などが重石となって，

まってきています。②の米国長期金利の上昇見通し、あるいは米国政策金利の予想経路も、年初に比べて大きく下方に修正されてきており、2015年までの円安ドル高の基調は抑制されています。③についても、①②の状況を受け、企業マインドの慎重化傾向がやや強まってきているようにうかがわれます。

このような傾向が持続すれば、2%目標達成の時期がさらに後ずれすることもやむをえません。2%目標そのものは、4章で議論したように、さまざまな観点から妥当な目標であり、堅持すべきと考えます。しかし、2%目標の達成時期がさらに後ずれし、その道筋を修正するリスクが高いのであれば、その達成時期については柔軟に考えるべきと思われます。

金融政策の枠組みの修正

仮に、達成時期を柔軟に考えるのであれば、現在の金融政策の枠組みの修正も必要となるでしょう。

日本銀行は、2%物価安定目標を安定的に持続するために必要な時点まで現在のマイナス金利付き量的・質的金融緩和の枠組みを継続することにコミットしています。より長期に現在の枠組みを継続する可能性を視野に入れるのであれば、政策効果

徐々に低下してきました。③企業収益は順調に改善しましたが、企業設備投資の回復ペースは基本的に緩やかでした（企業行動の慎重化・現金保蔵傾向が強まった可能性）。④政府・民間企業の成長戦略の取組みは進んだとみられますが、一方で、潜在成長率の明確な上昇はまだ統計データからは観察されていません（図4.3）。⑤景気回復は持続してきましたが、一方で消費税増税の影響が予想以上に景気回復の重石となり、賃金やインフレ予想もある程度の改善にとどまっています。

と副作用の評価も変わってくる可能性があります。

　たとえば、マイナス金利政策と大規模な国債買入れの組み合わせが長期に継続するという見通しを市場参加者が強く持つと、（海外経済の下振れリスクが高水準で続くもとで）長期・超長期国債のマイナス利回りがさらに加速的に低下する可能性があります。大規模な国債買入れが続く限り、投資家はマイナス金利、つまり元本以上の高値で買い入れても、それ以上に高い価格で中央銀行が買い入れてくれると合理的に予想するでしょう。元本以上の高い価格は基本的に「バブル」であり、マイナス金利導入前のプラス領域での利回りの低下と意味合いが異なります。

　マイナス金利がさらに深まるもとで国債買入れを続けることに関して、留意すべき点があります。それは、より低いマイナス利回りでの国債買入額が増えれば増えるほど、日本銀行の通貨発行益は減少する点です。通常は、基本的に無利子の通貨（あるいは準備預金）を供給してプラス利回りの国債を買い入れることで、中央銀行は通貨発行益を得ることができます。しかし、マイナス利回りで国債を買い入れると通貨発行益はマイナスとなります（日本銀行は、元本を上回る価格で国債を購入して償還まで持ち続けるので損失は確実に発生し、会計上はその損失を毎期分割して計上することになります）。政府はマイナス利回りで国債を発行できるので、国債発行を増やせばプラスの収益が得られて財政負担は減るようにみえます。一方で、その国債を日本銀行がさらに低いマイナス利回りで買い入れる場合、政府の収益を上回る損失が日本銀行には発生し、政府と中央銀行を合わせた「統合政府」で考えると財政負担はむしろ増加することになります。

より本質的な問題は，長期国債のマイナス利回りをさらに低下させることで，どれだけの景気刺激効果がもたらされるのかという点です。6章2節で議論したように，「金融機関収益の持続的な圧迫」，「不安や不確実性の高まりによるリスクプレミアムの上昇」などの問題は，それまでの大規模な国債買入れ政策が持つ資産価格を通じた効果波及メカニズムを弱める可能性があります。また，同じく6章2節の「資産市場の一般均衡モデル」の小節で議論したように，マイナス金利政策の結果長期国債への需要が外生的に高まることで，株価や為替レートをむしろ下落させる理論的メカニズムも考えられます。また，長期安全資産利回りのマイナス化やそれに伴う不確実性によって，これまでの消費回復を主導してきた健全な富裕層が予備的貯蓄を増やし，消費支出を抑制するというリスクも懸念されます。純粋に長期債利回りのマイナス化によって，企業や家計の支出をどれだけ刺激できるのかが問われています。

マイナス金利政策そのものに対して，好意的な議論も存在します。マイナス金利政策の問題は，その導入が「サプライズ」であったことが人々の不安や批判を増幅させたのであって，付利金利のマイナス化自体は伝統的な金利政策の復活であり，（効果が不確実で副作用も大きい）大規模な資産買入れ政策よりもむしろ望ましい政策だとする主張です。

2%目標の達成時期を柔軟化して，現在の政策枠組みを仮に修正するのであれば，たとえば量的・質的緩和政策の資産買入れを縮小してマイナス金利政策に特化するのか，あるいはマイナス金利政策の方を修正して量的・質的金融緩和を粘り強く持続させていくのか，さまざまな選択肢が考えられるでしょう。

そうしたオプションの検討には，いうまでもなく，効果と副作用に関する検討が欠かせません。経済・物価見通しの不断の点検とともに，やや長い目でみた望ましい政策のあり方について，今後さらなる検討が望まれます。

あとがき

量的・質的金融緩和はマイナス金利から長短金利操作へ

　本書の初稿を書き上げてから，わが国の非伝統的金融政策はさらに重要な進展を遂げました。日本銀行は9月の金融政策決定会合で「総括的な検証」を行い，「マイナス金利付き量的・質的金融緩和」から，新たな枠組み「長短金利操作付き量的・質的金融緩和」へ転換することを賛成多数で決定したのです。

　マイナス金利政策の枠組みは，実施から7カ月余りで修正されるに至りました。特筆すべきは，「総括的な検証」において，①マイナス金利が金融機関の収益を過度に圧迫する可能性について詳細に分析したこと，②長期・超長期金利が過度に低下することで金融機能の持続性に対する不安感を高め，経済活動に悪影響を及ぼす可能性があると言及したことです。こうした副作用を当局が認識していることは人々に安心感をもたらし，リスクプレミアム上昇の問題も軽減すると思われます。

　そのうえで，これまでの政策枠組みが，次の2つの面で修正されました。第1に，金融政策の操作目標が「量（マネタリーベースの拡大）」から「金利（短期金利と長期金利のコントロール）」へと変更されました。第2に，マネタリーベースの拡大方針に関するフォワードガイダンスが強化され，「消費者物価上昇率の実績値が2％を安定的に超えるまでマネタリーベースの拡大方針を継続する」（傍点筆者）と表明されました。

　第1の点は，基本的な枠組みの修正です。これまでのマネタ

リーベースと長期国債の拡大ペース（年間80兆円増加）は基本的に維持しつつ，金融市場調節方針は「量」から「金利」へと転換しました。短期金利の誘導目標は現行のマイナス金利政策どおり（付利金利−0.1％）とし，長期金利の誘導目標が新たに追加されました（10年物国債金利をゼロ％程度へ誘導）。

　この基本的な修正により，量的・質的金融緩和は，持続性と柔軟性を高めることになりました。現在のハイペースの国債購入はあと数年続けることはできても，どこかで限界に直面すると指摘されてきました。操作目標を長短金利に転換することで，粘り強く金融緩和を続けることができます。追加緩和の手段には，長短金利の引き下げに加え，資産買入れの拡大，マネタリーベースの拡大ペースの加速があげられています。長期戦に備える準備が整ったことが最大の意義であるように思います。

　一方で，持続性と柔軟性が高まったということは，将来のマネタリーベースや国債買入れの経路がより幅を持ったものとなりうることを意味します。国債買入れ額に厳密にコミットしているわけではないので，将来購入ペースが鈍化することはありえるでしょう。たとえば国債需要が高まって金利体系がさらに低下する場合に長期金利目標を維持しようとすれば，国債買入れペースを落とす必要が出てきます。持続性が高まったことと引き換えに，量の拡大ペースは不確実性が伴うことになりました。

　第2の点は，次に述べる財政政策との関係で，重要な意味を持つと考えられます。実績値ベースで2％物価安定目標を明確に超えるまで貨幣供給の拡大を続けることは，後述するような家計の資産を通じるメカニズムによって，景気刺激効果が強ま

金融政策と財政政策との関わり:「ヘリコプターマネー政策」

大規模な量の拡大政策は、財政政策との関わりの中で重要な役割を果たす可能性があります。この問題は、広く「ヘリコプターマネー」という用語で知られており、あたかも政府が「ヘリコプターから紙幣をばらまく」ような財政拡張と金融緩和を同時に実施する政策として議論されます。

ヘリコプターマネー政策の定義は、論者によってさまざまなバリエーションがありえますが、基本的な要件としては「拡張的な財政政策を永続的な貨幣発行によってファイナンスする政策」と定義できるでしょう。これを基本要件として、大別して次の3つのバリエーションが考えられます。

第1のバリエーションは、財政と金融が一体となって運営されて、中央銀行が無利子永久国債を引き受けるといった極端な政策です。これは財政法や日本銀行法の改正といった制度変更を伴う「真性のヘリコプターマネー政策」とみなされます。

第2は「1度限りのプログラムとしてのヘリコプターマネー政策」で、1つめほどドラスティックではないものの、深刻な不況など限られた状況において検討される政策です。最近のバーナンケ議長やターナー元英国金融庁長官による提言がこれに相当します[1]。ただし実際には、1度限りとするための歯止

---

1) Ben Bernanke, "What tools does the Fed have left? Part 3: Helicopter money,"(Ben Bernanke's Blog, Brookings Institution, 2016年4月11日)、アデア・ターナー「ヘリコプターマネーの是非(上)」(経済教室、『日本経済新聞』、2016年6月7日)などを参照。

めや工夫をどう設計するかがきわめて重要です。制度設計に失敗すれば，限りなく第1の「真性ヘリコプターマネー」に近づいてしまうため，大きなリスクを抱える政策といえるでしょう。

第3は，拡張的な財政政策と持続的な国債買入れ政策のポリシーミックスを「疑似的なヘリコプターマネー政策」とみなす場合です。財政拡張と金融緩和のポリシーミックス自体はこれまでもマクロ政策として実施されてきていますが，最近の非伝統的金融緩和においては大規模かつオープンエンドの長期国債買入れが実施されており，拡大したマネタリーベースが長期間維持されることで「永続的な貨幣発行に近い」と解釈されます。財政拡張と金融緩和のポリシーミックスは，民間投資が締め出される「クラウディングアウト」問題が抑制されるため，本来高い景気刺激効果が期待されます。また，量的緩和の効果に関する最近の理論研究では，財政の支払い可能性条件を満たす政府と独立した中央銀行という設定のもと，インフレ目標に紐づけられた貨幣供給ルールが処分可能な家計の資産を増やし，景気刺激効果を発揮するとのメカニズムも示されています（Kaihatsu, Kamada and Katagiri, 2016）。

法改正やそれに準ずるプログラム設計を必要とする「真性ヘリコプターマネー（上記第1，もしくは第2の政策）」は相当な劇薬であり，需給ギャップが解消しつつある現在の日本で実施すべきではないと考えられます。

他方，持続可能な財政構造を目指す政府と物価安定を目標とする独立した中央銀行のもとで実施される財政拡張と金融緩和のポリシーミックスは，上記第1，第2の政策とは明確に区別されるべきであり，デフレ均衡から脱却する効果も期待されま

す。そのうえで、「真性ヘリコプターマネー」に陥らないよう十分な注意が必要であることはいうまでもありません。

再論:「金利コミットメント」対「国債買入れ・量的な緩和政策」

　最後に、改めて、金利コミットメント政策と国債買入れ・量的な緩和政策を対比して、両者の関係に触れたいと思います。ゼロ金利もしくはマイナス金利のコミットメントが景気を刺激するための基本的な要件は、(i) 将来景気が回復する、(ii) 将来景気が回復して利上げすべき状況になっても利上げしないことに事前にコミットする、という2つです（2章3節、3章最後の小節を参照）。

　マイナス金利政策へ強力にコミットすることには、すでに議論した副作用が懸念されますし、ゼロ金利やマイナス金利を長期に継続するフォワードガイダンスには、ブラード連銀総裁が強調したようにデフレ均衡をサポートするリスクがあります。金利コミットメント自体に (i) の将来の景気回復を牽引する力はそう多くは期待できないかもしれません。(ii) についても、首尾よく利上げが必要となったときに中央銀行には約束を破棄する誘因が存在します（時間非整合性の問題）。

　これに対して、長期国債買入れを伴う貨幣供給の拡大は、(i) と (ii) の要件を後押しする可能性があります。2章、3章で確認した資産価格経路や上記の財政政策との関連を通じた景気刺激効果は (i) の将来の景気回復を後押しするでしょう。(ii) に関しても、大規模かつオープンエンドの長期国債買入れ・貨幣供給の拡大は、時間非整合性の問題を軽減するとみられます。

このように考えると，金利コミットメント政策は，量の拡大とともに実施されることで，より高い緩和効果が発揮される可能性が示唆されます。それは今般の新しい枠組み（冒頭述べた2つの修正点）のねらいそのものかもしれません。

　進展著しい非伝統的金融政策をめぐっては，これまでも活発な論争が展開されてきました。優れた経済学者やエコノミストによる論考，元政策当局者の手による最新の著作などが相次いで刊行されています（翁 2011, 2015, 池尾 2013, 岩田ほか 2014, 2016, 早川 2016, 白井 2016 など）。本書とは異なる視点や考え方に触れ，答えのない問題に格闘する専門家の議論と当局者の思いにぜひ触れていただきたく思います。私も，政策当事者の一人として，未踏の領域をさらに奥深く進む現代の非伝統的金融政策を今後も見届けてまいります（2016年9月25日記）。

引用文献

池尾和人 (2013)『連続講義・デフレと経済政策──アベノミクスの経済分析』日経 BP 社。

伊藤智・猪又祐輔・川本卓司・黒住卓司・高川泉・原尚子・平形尚久・峯岸誠 (2006)「GDP ギャップと潜在成長率の新推計」日銀レビュー, 2006-J-8。

伊藤隆敏 (2013)『インフレ目標政策』日本経済新聞出版社。

岩田一政・日本経済研究センター編 (2014)『量的・質的金融緩和──政策の効果とリスクを検証する』日本経済新聞出版社。

岩田一政・左三川郁子・日本経済研究センター編著 (2016)『マイナス金利政策』日本経済新聞出版社。

植田和男 (2005)『ゼロ金利との闘い』日本経済新聞社。

翁邦雄 (2011)『ポストマネタリズムの金融政策』日本経済新聞出版社。

翁邦雄 (2015)『経済の大転換と日本銀行』岩波書店。

小田信行・村永淳 (2003)「自然利子率について──理論整理と計測」日本銀行ワーキングペーパー, No.03-J-5, 2003 年 10 月。

小野善康 (1994)『不況の経済学──甦るケインズ』日本経済新聞社。

鎌田康一郎・増田宗人 (2001)「統計の計測誤差がわが国の GDP ギャップに与える影響」『金融研究』20 巻 2 号, 123 〜 170 頁。

白井さゆり (2016)『超金融緩和からの脱却』日本経済新聞出版社。

内閣府 (2001)『平成 13 年度　年次経済財政報告』。

内閣府 (2007)『平成 19 年度　年次経済財政報告』。

内閣府 (2011)『平成 23 年度　年次経済財政報告』。

日本銀行 (2003)「GDP ギャップと潜在成長率──物価変動圧力を評価する指標としての有用性と論点」『日本銀行調査月報』2003 年 2 月号。

早川英男 (2016)『金融政策の「誤解」──"壮大な実験"の成果と限界』慶應義塾大学出版会。

本多佑三 (2014)「非伝統的金融政策の効果──日本の場合」岩本康志・神取道宏・塩路悦朗・照山博司編『現代経済学の潮流 2014』第 1 章 (3 〜 38 頁), 東洋経済新報社。

宮尾龍蔵 (2005)『コア・テキスト マクロ経済学』新世社。

宮尾龍蔵（2006）『マクロ金融政策の時系列分析——政策効果の理論と実証』日本経済新聞社。

宮尾龍蔵（2007）「量的緩和政策と時間軸効果」『国民経済雑誌』195巻2号，79～94頁。

宮尾龍蔵（2011）「日本の景気変動要因——時系列分析からの視点」阿部顕三・大垣昌夫・小川一夫・田渕隆俊編『現代経済学の潮流2011』第2章（35～65頁），東洋経済新報社。

宮尾龍蔵（2013）「未踏の領域にさらに踏み込む中央銀行」日本外国特派員協会における講演，日本銀行，2013年5月28日。

藪下史郎（2009）『金融論』ミネルヴァ書房。

渡辺努（2012）「ゼロ金利下の長期デフレ」日本銀行ワーキングペーパー No.12-J-3。

Baumeister, Christiane and Luca Benati (2013) "Unconventional Monetary Policy and the Great Recession: Estimating the Macroeconomic Effects of a Spread Compression at the Zero Lower Bound," *International Journal of Central Banking*, 9 (2), 165-212.

Buiter, Willem H. (2014) "The Simple Analytics of Helicopter Money: Why It Works – Always," *Economics* 8, 1-53.

Benhabib, Jess, Stephanie Schmitt-Grohe and Martin Uribe (2001) "The Perils of Taylor Rules," *Journal of Economic Theory*, 96 (1-2), 40-69.

Bernanke, Ben (with Liaquat Ahamed) (2014) "A Conversation: The Fed Yesterday, Today and Tomorrow," Brookings Institution, January 16, 2014.

Bernanke, Ben S. and Frederic S. Mishkin (1997) "Inflation Targeting: A New Framework for Monetary Policy?" *Journal of Economic Perspectives*, 11 (2), 97-116.

Bullard, James (2010) "Seven Faces of 'The Peril'," *Federal Reserve Bank of St. Louis Review*, September/October 2010, 339-352.

Chen, Han, Vasco Cúrdia and Andrea Ferrero (2012) "The Macroeconomic Effects of Large-Scale Asset Purchase Programs," *Economic Journal*, 122 (November), F289-315.

Christiano, Lawrence J., Martin Eichenbaum and Charles L. Evans (1999) "Monetary Policy Shocks: What Have We Learned and to What End?"

in J.B. Taylor and M. Woodford, eds., *Handbook of Macroeconomics*, Vol. 1, Elsevier Science, 65-178.

Chung, Hess, Jean-Philippe Laforte, David Reifschneider, and John C. Williams (2012) "Have We Underestimated the Likelihood and Severity of Zero Lower Bound Events?" *Journal of Money, Credit and Banking*, 44 (s1), 47-82.

Eggertsson, Gauti B. and Michael Woodford (2003) "The Zero Bound on Interest Rates and Optimal Monetary Policy," Brookings Papers on Economic Activities, No.1, 139-211.

Engen, Eric M., Thomas L. Laubach and David Reifschneider (2015) "The Macroeconomic Effects of the Federal Reserve's Unconventional Monetary Policies," Finance and Economics Discussion Series No.2015-005, Federal Reserve Board, January 2015.

Fukuda, Shin-ichi (2015) "Abenomics: Why Was It So Successful in Changing Market Expectations?" CIRJE Discussion Paper No.F-969, University of Tokyo, March 2015.

Gagnon, Joseph, Matthew Raskin, Julie Remache and Brian Sack (2011) "The Financial Market Effects of the Federal Reserve's Large-Scale Asset Purchases," *International Journal of Central Banking*, 7 (1), 3-43.

Gambacorta, Leonard, Boris Hofmann and Gert Peersman (2014) "The Effectiveness of Unconventional Monetary Policy at the Zero Lower Bound: A Cross-Country Analysis," *Journal of Money, Credit and Banking*, 46 (4), 615-642.

Gordon, Robert J. (2015) "Secular Stagnation: A Supply-Side View," *American Economic Review,* 105 (5), 54-59.

Hamilton, James D. and Jing Cynthia Wu (2012) "The Effectiveness of Alternative Monetary Policy Tools in a Zero Lower Bound Environment," *Journal of Money, Credit and Banking*, 44 (1), 3-46.

Hausman, Joshua K. and Johannes F. Wieland (2014) "Abenomics: Preliminary Analysis and Outlook," *Brookings Papers on Economic Activity*, Spring 2014, 1-76.

Hayashi, Fumio and Junko Koeda (2013) "A Regime-Switching SVAR Analysis of Quantitative Easing," CARF Working Paper No.F-322, University of Tokyo, July 2013.

Honda, Yuzo, Yoshihiro Kuroki and Minoru Tachibana (2007) "An Injection of Base Money at Zero Interest Rates: Empirical Evidence from the Japanese Experience 2001-2006," Discussion Papers No.07-08, OSIPP, Osaka University, March 2007.

Kaihatsu, Sohei, Koichiro Kamada and Mitsuru Katagiri (2016) "Theoretical Foundations for Quantitative Easing," IMES Discussion Paper No. 2016-E-4, Bank of Japan, March 2016.

Kimura, Takeshi and Jouchi Nakajima (2016) "Identifying Conventional and Unconventional Monetary Policy Shocks: A Latent Threshold Approach," *B. E. Journal of Macroeconomics*, 16, 277-300.

Kimura, Takeshi and David H. Small (2006) "Quantitative Monetary Easing and Risk in Financial Asset Markets," *B. E. Journal of Macroeconomics*, 6 (1), 1-54.

Krugman, Paul R. (1998a) "Japan's Trap." (http://web.mit.edu/krugman/www/japtrap.html)

Krugman, Paul R. (1998b) "It's Baaack: Japan's Slump and the Return of the Liquidity Trap," *Brookings Papers on Economic Activity*, No. 2, 137-205.

Meltzer, Allan H. (1995) "Money, Credit and (Other) Transmission Processes: Monetarist Perspective," *Journal of Economic Perspectives*, 9 (4), 49-72.

Miyao, Ryuzo (2016) "The Macroeconomic Effects of Japan's Unconventional Monetary Policies," mimeo, University of Tokyo, April 2016.

Reifschneider, David and John C. Williams (2000) "Three Lessons for Monetary Policy in a Low-Inflation Era," *Journal of Money, Credit and Banking*, 32 (4), 936-966.

Rogers, John H., Chiara Scotti and Jonathan H. Wright (2014) "Evaluating Asset-Market Effects of Unconventional Monetary Policy: A Cross-Country Comparison," International Finance Discussion Papers No.1101, Federal Reserve Board, March 2014.

Shibamoto, Masahiko and Minoru Tachibana (2013) "The Effect of Unconventional Monetary Policy on the Macro Economy: Evidence from Japan's Quantitative Easing Policy Period," RIEB Discussion Paper, DP2013-12, Kobe University, April 2013.

Summers, Laurence H. (2014) "U.S. Economic Prospects: Secular Stagnation, Hysteresis, and the Zero Lower Bound," *Business Economics*, 49 (2), 65-73.

Summers, Laurence H. (2015) "Demand Side Secular Stagnation," *American Economic Review*, 105 (5), 60-65.

Tobin, James (1969) "A General Equilibrium Approach to Monetary Theory," *Journal of Money, Credit and Banking*, 1 (1), 15-29.

Ueda, Kazuo (2012) "The Effectiveness of Non-Traditional Monetary Policy Measures: The Case of the Bank of Japan," *Japanese Economic Review*, 63 (1), 1-22.

Ueda, Kazuo (2013) "Response of Asset Prices to Monetary Policy under Abenomics," *Asian Economic Policy Review*, 8 (2), 252-269.

索　引

● アルファベット

AD　→総需要曲線
APP　→資産買入れ政策
AS　→総供給曲線
cash in advance モデル　69, 87
IS–LM モデル　44, 46
IS 曲線　46
LM 曲線　47
LSAP　→大規模資産買入れ政策
MA モデル　→移動平均モデル
QE　→量的緩和政策
VAR モデル　→ベクトル自己回帰モデル
VMA モデル　→ベクトル移動平均モデル
VIX 指数　196

● あ 行

移動平均モデル（MA モデル）　119
インパルス反応　102, 119
インフレ・オンリー・ターゲット（インフレ目標至上主義）　71, 124
インフレ高騰のリスク　150
インフレターゲット　69
インフレ・バイアス　124
インフレ目標政策　68, 71, 123
インフレ率（物価上昇率）　2, 128
失われた 10 年／ 20 年　161
円安効果　108
大いなる安定　153
オープンエンド　14, 19

● か 行

カバーなし金利平価　208
株価決定理論　204, 207
貨幣愛　60
貨幣数量説　25, 58
貨幣の入った効用関数　61
為替レートの決定理論　208
期待理論　14, 31
恐怖指数　196
金融環境変数　8
金融緩和　51
金融危機　16
金融政策
　——のスタンス　136
　——のマクロ経済効果　93
　伝統的な——　4
金融政策ショック　101
金融引締めショック　102
金融不均衡のリスク　152
金利経路　49
金利コミットメント　233
クラウディング・アウト　155
クルーグマン，P.　68
　——のインフレ目標提案　73

クルーグマン・モデル　68
経常収支　155
ケインズ，J. M.　52, 60
効果波及経路　7
効果波及メカニズム　23
恒常所得　54
構造改革　73
構造ショック　96, 117
構造ベクトル自己回帰モデル（構造 VAR モデル）　95, 116
構造モデル　93
購買力平価説　129
国債買入れ　78
国債買入れプログラム　11
国債買入れ・量的な緩和政策　233
古典派の2分法　58
ゴードン，R. J.　160
コミットメント　15, 66
コミットメント・デバイス　67
コール市場　4
コールレート　1, 4, 186

● さ 行

財政破綻リスク　156
財政ファイナンスのリスク　154, 173
裁定取引　32
サマーズ，L. H.　160, 161
時間軸効果　63
時間軸政策　13
時間非整合性　15, 66, 111, 233
識別制約　93, 118

リカーシブな――　118
シグナル効果　24, 111
時系列アプローチ　93
自己回帰モデル　114
資産買入れ政策（APP）　22, 92
資産買入れ等の基金　17
資産買入れプログラム　17, 98
資産価格経路　74
資産価格バブルのリスク　152
資産効果　54
資産市場の一般均衡モデル　74, 202
自然利子率　134
実質金利　48
需給ギャップ　63, 164
償却原価法　171
消費のオイラー方程式　85
信用緩和　17
数量方程式　58
政策金利　4, 168
政策決定会合　214
政策ショック　101
政策反応関数　63, 170
正常化プラン　167
政府と日本銀行の政策連携　157
ゼロ金利経済　50
ゼロ金利コミットメント　63
ゼロ金利政策　13, 66
潜在成長率　137
総括的な検証　229
総供給曲線（AS）　162
総需要曲線（AD）　162

粗代替　75
ゾンビ企業　161

● た 行

大規模資産買入れ政策〔LSAP〕　11
　　──第2弾〔LSAP2〕　17
　　──第3弾〔LSAP3〕　19, 150
ターナー，A.　231
タームプレミアム　24, 33, 191
中央銀行のバランスシート　2, 20
超過準備　180
長期金利　190
長期国債買いオペ　78
長期停滞　151, 158, 160
長期の政策目標　126
長短金利操作　229
通貨発行益　226
ディス・インフレ圧力　142
テイラー，J.　63, 151
テイラー原理　139
テイラールール〔テイラールール型政策反応関数〕　63, 170
テイラールール金利　65
出口〔戦略〕　166, 171
　　──の原則　168
デジタル革命　160
テーパリング　22
デフレ　130, 161, 223
デフレ均衡　131
デュアル・マンデート　150

デレバレッジ　51
トービン，J.　54
　　──の q 理論　54
ドラギ，M.　11

● な 行

日銀当座預金　5, 184
日銀トレード　192
2％物価安定目標　128, 223
日本経済のわなモデル　68, 85
ニューエコノミー論　153

● は 行

バーナンキ，B.　22, 41, 126, 231
バーナンキ・ショック　22
バランスシート政策　18
バランスシート調整　51
非伝統的金融政策　8
非伝統的な資産の買入れ　12, 16
フィッシャー方程式　49, 133
フォワードガイダンス　13, 27
　オープンエンドの──　22
　資産買入れに関する──　12, 18
　政策金利の──　12
　マイナス金利政策の──　194
　量的・質的金融緩和の──　195
フォワードルッキング　28
2つのゼロ　133

物価安定の目途　127
物価上昇率　→インフレ率
ブラード，J.　131
付利金利　180
　──の引き上げ　172
ブロック・リカーシブ制約
　96, 118
ベクトル移動平均モデル（VMA
　モデル）　120
ベクトル自己回帰モデル（VAR
　モデル）　115
ヘリコプターマネー　231
包括緩和政策　17

● ま　行

マイナス金利政策　12, 180, 226
　──の副作用　198
　欧州の──　182
マネタリーベース　2, 20
マネタリーベース・ショック
　102
名目金利　48

目標インフレ率　124

● や　行

誘導型モデル　93
予想インフレ率　58

● ら・わ行

リスクプレミアム　201
流動性のわな　52, 60
　伝統的な──　52, 62
流動性プレミアム　191
量的緩和政策（QE）　16, 18
　国債に関する──（ソブリン
　　QE）　23
量的・質的金融緩和政策　18, 94, 220
　──における効果波及ルート
　　25
　長短金利操作付き──　229
履歴効果　161
レジームシフト　94
ワルラス法則　77

● **著者紹介**

宮尾　龍蔵（みやお　りゅうぞう）

1987年，神戸大学経済学部卒業，94年，ハーバード大学大学院修了（Ph.D. in Economics）。神戸大学経済経営研究所助教授，同教授，同所長，日本銀行政策委員会審議委員（2010〜15年）を経て現職。

現在，東京大学大学院経済学研究科教授，神戸大学名誉教授

主要著作

『マクロ金融政策の時系列分析』（日本経済新聞社，2006年，第49回日経・経済図書文化賞受賞）

『コア・テキスト マクロ経済学』（新世社，2005年）

『入門 計量経済学』（翻訳，共立出版，2016年）など。

非伝統的金融政策：政策当事者としての視点
Unconventional Monetary Policies

2016 年 10 月 25 日　初版第 1 刷発行

著　者	宮　尾　龍　蔵
発行者	江　草　貞　治
発行所	株式会社 有　斐　閣

郵便番号　101-0051
東京都千代田区神田神保町 2-17
電話　(03)3264-1315〔編集〕
　　　(03)3265-6811〔営業〕
http://www.yuhikaku.co.jp/

印刷・萩原印刷株式会社／製本・牧製本印刷株式会社
©2016, Ryuzo Miyao. Printed in Japan
落丁・乱丁本はお取替えいたします。
★定価はカバーに表示してあります。
ISBN 978-4-641-16490-1

JCOPY　本書の無断複写(コピー)は，著作権法上での例外を除き，禁じられています。複写される場合は，そのつど事前に，(社)出版者著作権管理機構(電話03-3513-6969，FAX03-3513-6979，e-mail:info@jcopy.or.jp)の許諾を得てください。